愛‧婚禮

Your Wedding

一生最浪漫的旅行就從這裡開始

前言

「愛，讓我們在一起……」

漫長的旅程中，愛是唯一不變的行囊。牽著手，踏上愛的旅途，不知覺間你們已經來到了這個人生道路的交會點。

婚禮，它繁文縟節錯綜複雜，迷宮似的交疊著各式各樣的的道路：婚紗街、喜餅路、婚戒橋、禮俗小巷、婚宴大道等…。我想，你們需要一張聰明的地圖，告訴你們正確的路並避開所有可能的陷阱。

她，溫馨可人、美麗優雅。人們的祝福與溫暖，充斥著四周。但是熙熙攘攘的人們，誰才是最適合的幫手？沸沸揚揚的人聲，又該傾聽誰的聲音才能找到正確的方向？我想，你們需要一張清單，來幫助你們找到令人安心的夥伴。

他，連接過去與未來，時間的縱線在這裡交會。過去的人們來到此地重逢，甜蜜的記憶在懷裡酣然；未來的幸福在前方招手，雀躍著所有未知的可能。而現在，你們將需要豐富的知識來面對婚禮的一切，乘著過往禮俗的翅膀，一同創造專屬於你們的未來。

它、她、還是他，你們必須面對的或許就是這麼個複雜的婚禮。但就像所有珍貴的記憶一樣，這也將是一段最難忘的浪漫旅程。只要記得「你們」始終是唯一地不變，愛情將不會讓你們迷路，本書也會扮演最完美的導遊，讓你們《愛・婚禮》。

愛 ♥ 婚禮
一生最浪漫的旅行就從這裡啟程

目錄

Chapter 1
當幸福來敲門！

決定永遠緊握著彼此的雙手，在眾人的祝福聲中，
許下一輩子的承諾。這個溫馨浪漫的時刻，相信是
所有新人夢想的甜蜜記憶。沉浸在幸福中的你們想
婚了……？一場專屬你們倆的婚禮，將在未來的
生涯響起甜蜜幸福的樂章。

幸福旅程第一站
控制婚禮預算

一場婚禮的開支相當驚人,也難怪總會聽到有情侶這麼說:「等存夠了錢再結婚吧!」。但幸福,卻絕不是金錢可以衡量的。一場令人難忘的婚禮,不一定得靠重金打造;相反地,一場風光的世紀婚禮背後,卻必定要投注大量的金錢、心力與時間,有時反而因此搞得人仰馬翻,甚至造成感情失和。

完美婚禮的第一要件,就是應學會控制預算。金錢的多寡雖然並不能代表幸福的價值,但能否有效的運用卻直接關係到婚禮的品質。因此只要能夠精確地掌握預算,再加上一點點的巧思和創意,想要成功辦一場別具特色的浪漫婚禮其實一點都不難!

從婚禮的一般開支中可以看出,每個項目彼此間的價格差距其實非常大,從數千元甚至數十萬元都有,其中花費最高的通常是:婚紗攝影、喜餅、和婚宴。而事後引起最多爭議的,也不外是婚紗攝影和婚宴。因此我們必須要先跳脫一個迷思:收費越貴,服務和滿意度可不一定就最好喔!

在這些眾多的婚禮預算項目當中,還隱藏著許多的細目,往往是很容易被忽略掉的開銷,因此如果事前沒有做好完善的

預估與了解，很有可能在籌備的過程當中，會出現越來越
多額外的支出。

　　要如何精準的計算以及確實掌控籌備一場婚禮所需花
費的預算，並且讓每一分錢都花得值得，其中的學問可真
是不少。因此除了多聽聽前輩、專家的意見，更應該從現
在開始了解婚禮應會有哪些支出，到時候才能讓你的婚禮
既能辦得風光體面，又能避免荷包大失血的遺憾發生。

✎ 一般婚禮的開支項目與費用估計

婚紗攝影	NT＄10,000～100,000 以上	喜帖	NT＄20～100（一張）
自助婚紗	NT＄10,000～80,000 以上	紅包	依照人數與對象而有不同
新郎禮服	NT＄4,000～60,000	新娘秘書	NT＄7,000～18,000
訂婚＆結婚對戒	數千～數萬元不等	訂婚喜宴	NT＄8,000～25,000 以上（一桌）
喜餅	NT＄350～2,300（一盒）	結婚喜宴	NT＄8,000～25,000 以上（一桌）
聘禮	視禮品而定	戶外婚禮	NT＄9,000～25,000 以上（一桌）
聘金	由雙方商議決定	婚宴會場佈置	NT＄10,000～100,000 以上
女方回禮	NT＄60,000 上下		

✎ 婚禮的其他選擇性開支

婚禮顧問

籌備一場婚禮，不免有許多大大小小的瑣事，如果準新人都屬於忙碌一族，不妨考慮請個經驗豐富又負責任的婚禮顧問，只要把你們的預算和理想的婚禮形式告訴他，透過良好的溝通，就能輕鬆做對幸福的新郎和新娘了。

婚禮攝影

如果你希望將婚禮這幸福的一刻給永恆地保留下來，最好的方式就是以攝影做記錄了。如果預算足夠的話，還可以請來專業攝影師，除了事後的剪輯配樂，甚至還可加上文字旁白，看起來就像一齣ＭＶ般的精采，讓你們倆永遠都能牢記這溫馨感人的時刻。

新娘／郎保養課程

愛美是所有人的天性，誰都希望在一生中最重要的日子裡展現出自己最完美的一面。因此現在有越來越多的 SPA 中心，紛紛推出新人的保養課程，從三天密集護膚到幾個月的塑身課程都有，讓新郎新娘在婚宴上成為眾人稱羨的金童玉女。

婚宴主持＋樂團演奏

一場令人印象深刻的婚宴，氣氛的營造可說是非常重要的，因此有些人會另外邀請訓練有素、口才優異的主持人來為婚禮加分；而現場樂團的演奏，更能帶給新人和賓客羅曼蒂克的感動。

婚紗攝影
價位：NT $ 10,000 ~ 100,000

以最熱門的台北市婚紗街——中山北路來說，婚紗攝影的平均價格約是從 4 萬元起跳，一些較常為名人拍攝婚紗或是請明星代言的名店，基本價位則約 7 萬元以上。而現在有婚紗公司也提供了國外攝影據點的服務，省去了過往旅拍需要自行規劃行程與支付攝影師交通費的種種負擔，價格降至約 10 萬元上下，對於那些想要拍出異國風情的新人來說，也不外是一個新的選擇。

同樣位於台北市，屬於中價位的愛國東路，平均的價格約在 2 萬多元起跳，是一般人較能夠接受的範圍；至於較遠一點的板橋、甚至是桃園等地，其實也都有不少便宜實惠的婚紗店可以選擇。而若想要找到約 1 萬元以下的婚紗攝影，不妨找找中南部地區較有機會。

至於品質上的差異就見仁見智了。一般而言，婚紗攝影公司的配套幾乎都是制式的，1 萬元與 10 萬元以上的配套差異，除了看的到的，諸如：照片、造型、謝卡與放大照的組數；像框和相本的品質；是否贈送捧花、喜帖、新祕、媽媽妝、花童服；以及只限棚拍或是外拍地點多寡之外，最大的差異還是在於質感。名氣較大的婚紗公司之所以價格會產生如此巨幅的差異，通常是標榜聘有知名的攝影師、婚紗禮服款式眾多、相本設計精緻。但藝術的東西畢竟很主觀，千萬不要迷信名牌，認為有名就一定好，最重要的還是依照自己能力所及的預算，多參考幾家婚紗公司的作品，再從中選擇出喜愛的風格，這樣才能避免造成現實與期望間的落差。

自助婚紗 價位：NT $10,000 ~ 80,000

結婚是最浪漫的事，也因此近幾年來逐漸興起了自助婚紗的風潮。不少新人透過工作室，想要用自己的方式拍出專屬的浪漫。自助婚紗不同於一般婚紗公司的包套方式，多半是由新人視狀況選擇不同的方案，從最單純的婚紗攝影──連婚紗禮服都另行租買，到如同婚紗公司的全包方案，其囊括的範圍甚廣，可以說是完全依照新人的需求與工作室的溝通結果而定。

因此對於想要完全掌握婚禮中浪漫步調的新人，這將會是您最好的選擇。自助婚紗通常不定於棚拍，可以由新人規劃一整天外拍的行程，探訪過去共同的甜蜜記憶。此外，新人更可以拿到全部的婚紗照片，不用為了多一張少一張而與荷包過不去，完全擁有這些婚禮籌備過程中的點滴回憶。

新郎禮服 價位:NT $4,000～60,000,依租賃或訂製而不同。

新郎禮服與一般的西裝其實是有所區隔的。相較於西裝的商務或休閒性質,男士禮服屬於較為正式的穿著,在婚禮中穿著禮服不但能凸顯新郎的帥氣與獨特性,更是讓這難得的日子愈加顯得珍貴。

以現在婚紗公司的包套服務而言,新郎的禮服造型多半為兩套,或是隨著新娘的造型數而變動,因此不用特別費心尋覓或是另行訂做。不過由於部分婚紗公司提供的新郎禮服造型數較少,款式與合身度也相對不足。因此不少新郎仍是選擇另行租賃或訂做一整套適合自己身形的結婚禮服,讓自己在這特別的日子裡也能顯得格外帥氣。

新郎禮服在選擇上,除了要能展現新郎本身的優點外,最好能與新娘的造型配合,因此在顏色方面可以試著跳脫傳統的灰黑色系,考慮百搭的白色禮服、或藍色絲絨、銀灰緞面或香檳金這類較華麗的顏色與布料。

挑選禮服時,可以選擇兩件左右即可。因為不少婚紗攝影公司,大多會請新郎脫下禮服拍攝,如果您沒有特別的主張或需求,其實多準備各種風格的襯衫來搭配其實也是一種不錯的選擇。不過如果是訂做的話,記得也要考慮到日後是否能將此套禮服穿著於正式場合,或是可否請店家免費改為一般穿著的款式。

Chapter 1 當幸福來敲門

Chapter 2 畫出未來的藍圖

Chapter 3 最甜蜜的課題

Chapter 4 兩人四手打造專屬婚禮

Chapter 5 攜手走過愛的饗宴

Chapter 6 我・愛・你

不同風格的禮服款式

婚禮當中，新郎自然也是萬眾注目的主角，在這一生中最重要的大日子裡，衣著當然也馬虎不得。新郎禮服大致有以下幾種的分類，雖然適合的場合各有不同，但由於禮俗的轉變以及禮服公司不斷的改良，其實已經不需要注意到這麼細緻的分別了。只要能夠穿出自己的風格，便是最適合自己的絕佳禮服。

晨禮服（Morning Coat）

晨禮服是屬於英國紳士風的日間正式禮服，整體剪裁高雅，從腰位開始向後呈人字慘窄，前短後長，後擺呈圓弧型。以黑色、灰色為主，也有一些採用銀色或香檳金的風格設計款。搭配上一件同色系的背心以及斜紋緞面的領帶，除了適合莊重的儀式外，在晚宴中穿著也能凸顯新郎馬雅的氣質。

燕尾服（Tail Coat）

燕尾服屬於晚間最隆重正式，也是最能修飾身材的禮服。禮服前短後長，後擺有燕尾，具收縮腰身拉長腿形的效果。一般以黑色為主要色調，搭配上白色的蝴蝶結或領巾以及淺色禮服背心，可以表現出對儀式的尊重以及新郎成熟大氣的一面。

小禮服（Tuxedo Jacket）

又稱為王子式、平口式禮服。不論是單排或是雙排扣，由於剪裁皆偏向一般的西裝，看起來較為輕鬆，而且適用於婚禮儀式與一般晚宴，因此非常受到歡迎。不過由於此款禮服的變化不大，在搭配的腰封、領巾或領結、與袖扣上要多加些變化，才能更凸顯出新郎的瀟灑與個人獨特的風格。

為禮服加分的配件

新郎禮服款式相較於新娘禮服，在外型上變化不大，強調的是細緻的版型與身形修飾的效果，主要是為了展現出男性的俐落英挺。因此如果想要呈現出與眾不同的個人風格，就要多利用一些禮服配件來加分嘍。

胸袋巾

深色或黑色的禮服太過單調，可利用胸袋巾做點變化，尤其是不同的摺法，就能呈現出不一樣的感覺。

領巾

同色系或是對比色的領巾裝飾，會給人一種現代而有型的印象，很適合性格大膽又前衛的年輕新郎。

袖扣：

別緻高貴的袖扣，是身份地位的象徵，穿著講究的新郎絕對少不了這樣的禮服配件。

 婚戒 價位：數千～數萬元不等

雖然現代有許多人，已經將訂婚跟結婚儀式合併在一起，因此訂婚的婚戒也被省略掉了。事實上，在傳統的習俗當中，訂婚和結婚戒指是有所不同的，而且訂婚的婚戒往往比結婚戒指更加貴重，因為它是代表男方向女方求婚時的信物，因此當女方接受了男方的求婚之後，便會在訂婚期間一直戴著這枚訂婚戒指，以表示回應男方的許諾，這也就是為什麼訂婚戒指通常都是以較貴氣的純金或單顆美鑽為主。

而結婚戒指通常是一對男女對戒，在婚禮儀式之中扮演著雙方交換的信物，象徵兩人從此結合，並且將永遠接受、信任、照顧對方，因此在結婚之後，這對婚戒便會一直套在兩人左手的無名指上。由於婚戒是屬於對戒，且為了配戴方便，結婚戒指的設計款式就會比較中性、大方，而材質與訂婚戒指相比，也較為典雅，以白金、碎鑽等較受歡迎。

Chapter 1 | 當幸福來敲門

Chapter 2 | 畫出未來的藍圖

Chapter 3 | 最甜蜜的課題

Chapter 4 | 兩人四手打造專屬婚禮

Chapter 5 | 攜手走過愛的饗宴

Chapter 6 | 我・愛・你

戒指的樣式選擇

婚戒除了代表兩人堅守的愛情誓約之外，也有人認為它是品味和身份的象徵，因此不同的材質也具有不同的意義：

鑽石

閃耀璀璨的鑽石是多數人的首選，除了它的不凡身價之外，鑽石是所有寶石中硬度最大的，因此它象徵著海枯石爛永不渝的堅貞愛情。一般的鑽石婚戒，有十分、三十分、五十分甚至是一克拉的閃亮鑽戒做選擇，而十分的鑽石對戒，價格在一萬上下至兩萬元左右，分位數越高，價格自然就越昂貴。

純金

金飾的價值永恆，除了保值之外，它閃耀奪目的不變色澤，有著財富和愛情恆久不變的涵義。而它更是傳統習俗中，雙方家長作為贈送新人們的必要飾品之一。

寶石

依價位和個人喜好的選擇，紅、藍、綠寶石、琥珀、翡翠、水晶也受到不少人的歡迎，像是紅、藍、綠寶石分別就代表著熱情、高雅氣質與財富，而翡翠則有避邪吉祥之意。

選擇婚戒時的小叮嚀

其實不論是哪一種材質，只要是符合雙方所喜好的款式，就是最適合你們的婚戒。除此之外，選購時也別忘了注意以下的叮嚀事項喔！

1. 預算拿捏

不要迷信於婚戒越昂貴就越好，而應該根據自己所能負擔的預算做考量。

2. 廠商信譽

信譽良好的珠寶首飾公司，除了能提供完善長期的售後服務之外，品質和價格也比較有保障。

3. 維修保固

婚戒也需要有保固服務，例如定期清潔保養、戒面修補、指圍修改等。

喜餅　價位：NT ＄350～2,500（一盒）

依照傳統的習俗，在訂婚時男方要準備喜餅讓女方贈送給親戚朋友，以昭告「吾家有女初長成」，並讓親友們順道沾沾喜氣。因此在喜餅的選擇上，多半是由女方和女方的家長所決定的。目前較受歡迎的喜餅分為以下幾種：

♥ 中式喜餅

口味：傳統的中式喜餅為了增加濃郁的香味，常會添加油蔥、豬油等材料，因此口味偏重，但是近年來健康意識抬頭，有些商家也已推出口味較輕淡的中式喜餅。

包裝：取民俗的圓滿之意，中式喜餅通常都是一個圓形的大餅，在包裝上也沿襲著古代龍鳳圖案的大紅色喜氣風格，屬於較樸實、傳統的設計。

保存期限：強調傳統手工製作的中式喜餅，食材以生鮮類為主，因此保存期限並不長，大約只有 7 天左右。

♥ 西式喜餅

口味：西式喜餅中，絕對少不了奶油的濃郁口感，再加上香氣獨特的花草調味，以及各種核果、燕麥，一口一塊的份量，甜而不膩，因此廣受一般人的喜愛。

包裝：以緞帶、絲絨、蕾絲多元素的設計，加上內部講究的包裝紙，使得整體看起來華麗夢幻，最能夠抓住女生們羅曼蒂克的心。

保存期限：多半是屬於餅乾、糖果類的西式喜餅，保存期限比較長，通常可以存放約 1 個月之久。

♥ 日式喜餅

口味：日本的糕點向來以精緻為名，因此它的喜餅也不例外，雖然材料方面不外乎是以麵粉、奶油、豆沙為主，但是在味道方面，甜度不高，而口感也是非常細緻綿密，因此較受到年長人士的喜愛。

包裝：日式的喜餅設計用色簡單乾淨，相當樸素典雅，屬於極簡風格，但是包裝卻非常精緻，因此價錢相對來說也比較昂貴。

保存期限：由於同樣也是以糕餅為主，因此也可以收藏得比較久，大約同樣是 1 個月的時間。

♥ 特製化喜餅

一般市面上的喜餅，都是由店家已經搭配好的組合，因此對於口味的選擇還是有所限制，而目前非常受到歡迎的特製化喜餅，則是可以根據個人不同的喜好，自行選擇不同口味的喜餅做搭配，而價錢則是根據每個喜餅的單價來加以計算。如此一來，選購者就能根據收禮者的喜好選擇適合的口味，例如送給長輩的喜餅，就可以選擇口味清淡、不油膩的健康組合，而送給喜歡嚐新的年輕朋友，也可以選擇口味較獨特的異國糕餅，讓收禮的人能夠真正享受美味之外，也能更加感受到送禮者的體貼與用心。

聘禮 價位：視禮品而定

傳統習俗中，男方與女方訂婚時，除了聘金之外，還會準備 6 件或 12 件的聘禮，也就是俗稱的 6 禮或 12 禮，而同樣的，女方也會贈送男方 6 禮或 12 禮做為回禮。

♥ 傳統的 6 禮當中，包括了：

1. 大餅（中式漢餅）
2. 禮餅（俗稱的喜餅）
3. 米香餅（俗話說：「吃米香嫁好尪」，意喻嫁得一個好歸宿）
4. 禮燭、禮砲、禮香雙份（敬神祈福、平安幸福之意）
5. 米、糖仔路、福圓（米和糖，以前是用來給女方做湯圓之用，和別稱為福圓的龍眼乾皆象徵圓滿、甜蜜）
6. 金飾、衣飾、布料（新娘的一身行頭。由男方母親準備，以做為給未來媳婦的見面禮）

♥ 如果想要更加體面隆重，也可增加到 12 禮：

7. 四色糖（包括冬瓜糖、桔糖、冰糖和金棗等 4 種。有祝福新人甜甜蜜蜜、白頭偕老之意）
8. 豬肉（全豬、半豬，現代多以火腿代替）
9. 閹雞、鴨母（有婚姻永固的意思）
10. 鮮魚、生雞（各六隻，代表年年有餘、朝氣蓬勃的好兆頭）
11. 酒（除了敬拜祖先之外，24 瓶酒象徵 24 節氣一年順遂平安）
12. 麵線（表示美滿姻緣一線牽，並有長壽之意）

Chapter 1 | 當幸福來敲門

Chapter 2 | 畫出未來的藍圖

Chapter 3 | 最甜蜜的課題

Chapter 4 | 兩人四手打造專屬婚禮

Chapter 5 | 攜手走過愛的饗宴

Chapter 6 | 我．愛．你

　　以上的聘禮項目是依照大多數人的傳統習俗，每樣禮品都具有不同的涵義和吉祥之意，因此也可根據不同的地方習俗做更改，為了避免兩家的習俗不同而發生爭議，在準備前最好先互相討論商量後再決定。

　　不過對於現代人來說，經濟實用似乎更加重要，因此雖然這個習俗依舊保留了下來，但所贈送的禮物就會依照實際的需求而有所調整，有些人甚至會直接將禮金裝入六個紅包袋之中取代六禮，讓新人自行利用這筆錢購買結婚所需要的物品會更加實用有意義。

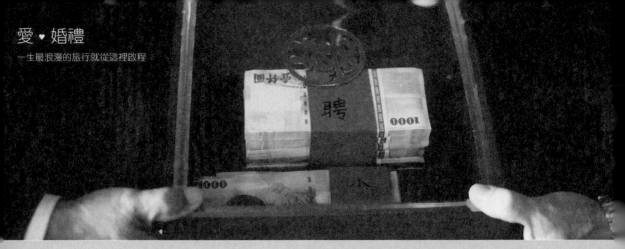

聘金　價位：由雙方商議決定

聘金是男方在跟女方訂婚時，為了表達對女方父母將女兒辛苦養育成人的感謝之恩，而送上的一份禮金，由於是象徵著一份感恩之意，因此當中的金額數目沒有一定的規定，由雙方經過討論之後決定即可，但必須是雙數才表示吉利。

正所謂談錢傷感情，聘金應該包多少，兩家人的商量討論也是一門大學問，因為很有可能一個不小心，就會造成對彼此的誤會和不開心，因此居中協調的人選，最好是找個有經驗又很有說話技巧的媒婆，事前先讓他知道男方在能力範圍中的聘金預算有多少，這樣比較容易控制在預設的範圍內，讓男方不會造成經濟壓力，而女方也會覺得很有面子。

不過由於現代人生活較富裕，以及男女平等的觀念，收取聘金的習俗慢慢已經成為一種象徵形式，有些人會將聘金分成大聘跟小聘，在訂婚當天，大聘只是拿出來做做樣子，而小聘才會真正交給女方父母。

不過在此還是應提醒各位新人們，許多傳統的禮俗雖然有其保留的價值與意義，但是規矩畢竟是人訂的，因此在遵循這些傳統禮俗時，也不要忘了考量彼此的狀況與處境，如果一昧堅持傳統而不懂得變通，不但會失去其原有的真意，更有可能破壞雙方的感情，相信這是誰也不願意發生的事吧！

回禮 價位：NT ＄NT60,000 上下

訂婚時女方的 6 禮或 12 禮，除了女方家長準備給準新郎的金飾以及頭尾禮外，其他就是依照男方所帶來的聘禮，由其中各別取出部分回敬。如四色糖、偶數盒的喜餅、米、龍眼、香燭禮砲、豬、麵線、酒等等。另外可準備石榴和桂花盆栽，皆寓有早生貴子，子孫滿堂之意。（傳統禮俗中，女方會留下兩顆龍眼乾再將其他退回．代表看住準新郎的眼睛之意）

頭尾禮，即是以男方全身從頭到腳的 6 或 12 件隨身物品做為回禮。這些送給男方的隨身物品可做為新郎結婚時所穿戴的禮服及飾品，傳統上是由岳母為未來女婿準備的，不過現在多是由新人自己選擇。如果不是太講究名牌的話，這一整身的行頭加起來，大約在六萬元上下就可準備齊全了。

♥ 這些隨身物品同樣為 *6* 件或是 *12* 件，
　 通常包括：

1. 西裝　　2. 襯衫　　3. 領帶　　4. 皮帶

5. 皮鞋　　6. 領帶夾　7. 襪子　　8. 袖扣

9. 手錶　　10. 皮夾　　11. 刮鬍刀　12. 禮帽

（不便購買的項目，皆可用紅包代替）

喜帖 價位：NT $20 ～ 200

喜帖的主要作用，就是讓新人的親朋好友都能得知兩人的喜訊，並且邀請大家一同來參與及見證兩人的婚禮或喜宴。目前有許多的飯店或是婚紗公司，都會將喜帖包含在基本的服務配套當中，不過這種喜帖通常比較制式化，所以缺少了獨特性，但對於不想因喜帖印製而大失血的新人，倒是可以因此而省下一筆可觀的費用。

然而如果希望自己的婚禮能別具一格，當然要從邀請函開始就讓人眼睛一亮，現今有許多個性化的喜帖專門店或是婚禮小物相關的網拍公司，就是專為有這樣訴求的新人提供服務。從紙張的選擇、圖案、款式，甚至是香味，都能依照個人的需求而量身訂做，如果還是覺得這樣的喜帖不夠有創意，以其他材質如水晶、錫片、銅片，來取代傳統的紙張製成喜帖，不但特別，也相當有份量，相信收到喜帖的人，一定會捨不得將它丟掉而珍藏起來，不過，這樣的喜帖費用自然也相當可觀。因此奉勸各位新人，除非你們在這方面已經有一筆為數不少的預算，不然若是以省錢為考量目地的話，倒是可以在喜帖的開銷費用上省下一筆不必要的支出。

Chapter 1 | 當幸福來敲門

Chapter 2 | 畫出未來的藍圖

Chapter 3 | 最甜蜜的課題

Chapter 4 | 兩人四手打造專屬婚禮

Chapter 5 | 攜手走過愛的饗宴

Chapter 6 | 我・愛・你

印製喜帖時的小叮嚀

1. 數量

喜帖可千萬不能亂丟，必須先確定預計宴客的人數，慎重選擇所邀請的賓客，千萬別把自己的婚禮當成賺錢的 PARTY，所邀請的人必須是和雙方有一定程度關係的人。除了確定的數量之外，最好能多印一些備份，以當寄送遺失或是其他人主動索取時所需。

2. 預算

根據自己所設定的預算及所需印製的數量，便可計算出印製每張喜帖的單價，如果印刷數量龐大，還可向廠商要求折扣。

3. 款式

在選擇款式時，除了依照雙方的喜好之外，也別忘了考慮到長輩們的傳統想法，或是某些特殊的宗教信仰和文化。

4. 廠商

多做比較和參考，實際了解廠商的印刷品質，選擇專業、口碑良好的喜帖業者，並且在做出決定前，詳細閱讀所有交易條款，以保障自己的權益。

5. 寄送方式

以郵寄方式投遞喜帖時，最好先確認郵寄地址是否正確，之後可再以電話確認對方收到與否和是否確定出席。長輩或某些身分特殊的受邀人，最好是以親自送交喜帖的方式以示誠意。

紅包　價位：依照人數與對象而有不同

結婚不僅僅是兩個人的事情。一場婚禮，通常是兩個家族全體動員的結果。也因此，紅包象徵著傳統禮俗中對雙方家屬表達尊重與體貼的方式；同時也是感謝親友的支持，更是讓眾人一道沾沾喜氣。

紅包多少，一向是新人頭痛的問題——包多，怕傷了荷包；包少，卻又怕失了禮數——其實紅包是多是少，最好提前與雙方家長商定大致的區間，只要雙方的口調一致，少一點又何妨。畢竟，幫忙的親朋好友多有交情，紅包只是象徵性的意義，沒必要為此大傷腦筋。

訂婚與結婚當天，記得要多準備幾個不同價位的紅包（200、600、1200、2000）並做好記號，這樣不論遇到什麼樣的狀況就都可以隨機應變

🖊 訂婚

男方

相見禮（開車門的女方小輩）	200 ～ 600	挽面禮（簪儀、化妝禮）	1200
舅仔禮（準新娘未婚的弟妹）	600 ～ 1200	媒人禮（男女方皆需準備，通常男方稍多）	2000 ～ 6000
盥洗儀（端臉盆水禮）	600	壓桌禮（男方與男方親友桌）	視該桌金額並酌增。
引鳳禮（引導準新娘奉茶的福氣婆）	1200	姊妹桌禮	6000 ～ 10000
壓茶甌（奉茶儀）	1200 ～ 2000	（讓準新娘在迎娶前，與兄弟姊妹餞別。現多併於婚宴當天。）	
點燭禮（給準新娘舅舅點燭祭組之禮）	1200 ～ 3600		

Chapter 1 | 當幸福來敲門

Chapter 2 | 畫出未來的藍圖

Chapter 3 | 最甜蜜的課題

Chapter 4 | 兩人四手打造專屬婚禮

Chapter 5 | 攜手走過愛的饗宴

Chapter 6 | 我‧愛‧你

女方

貢官禮（男方納彩之壓箱之人）	600 ～ 800	車伕禮（載送訂婚禮品之人）	600 ～ 1200
扛伕禮（男方扛聘禮之人）	600 ～ 1200	媒人禮（男女方皆需準備）	2000 ～ 6000

結婚

男方

開門禮	200 ～ 600	伴郎／陪娶	600 ～ 2000
媒人禮	視先前訂婚時金額而定，也可統一於結婚時交予。		

女方

開門禮	200 ～ 600	媒人禮	視先前訂婚時金額而定，也可統一於結婚時交予。
扇子禮	600 ～ 3600		
探房禮	600 ～ 2000	伴娘／陪嫁	600 ～ 1200

其他

總招待	1200 ～ 2000	主桌人員／廚師／工作人員	600
花童	200 ～ 600		
招待／總務／收納	600 ～ 1200		
司機／壓車人員	1200 ～ 2000		
主持	2000 ～ 3600		
新娘秘書	1200 ～ 2000		

新娘秘書 價位：$7000 ~ 18,000

新娘秘書的工作，簡單來說就是負責新娘在婚禮過程中，各個場合的化妝及換裝梳理等事宜。由於在喜宴當中，新娘通常都會換上 2 ～ 3 套的禮服，因此需要有專業化妝師幫她更換整體造型。依據費用的不同，新娘秘書的服務範圍也有所不同，若只單為一場訂婚或結婚，且不含車馬費，南部價位較為便宜約 7,000 起跳；北部價位則至少 10,000 起跳。需注意的服務項目包含：新娘秘書是否會在喜宴時全程陪伴；是否會在更換禮服時，同時更換不同的髮型和彩妝；是否包含媽媽妝伴娘妝、親友妝等…這些細節應該都在選擇新娘秘書前確定清楚。

隨著現代人對於婚禮的細節越來越重視，不僅新娘秘書的需求量大增，其競爭也非常激烈，因此有些業者會以低價攻勢爭取顧客，為了避免因此而影響到自己的權益，新人們除了應在做出決定之前，問清楚新娘秘書的服務項目之外，還應該確定新祕的專業熟練度，像是比較有經驗的新娘秘書，在進行換妝時，時間不會超過 10 ～ 15 分鐘，另外，透過試妝的要求也可以從中了解新祕的彩妝技巧。

訂婚喜宴　價位：一桌約為 $8,000 ～ 25,000 以上

依照傳統的婚禮，訂婚與結婚的儀式是分開舉行的，因此在舉行完訂婚的儀式之後，女方就會宴請男方家長以及女方的親朋戚友，而宴客的費用是由女方所負擔。而男方通常依照傳統，會包上一包稍微多出男方桌數費用的紅包，也就是習俗所稱的「壓桌費」。

但現代也有許多新人，會選擇訂婚宴與結婚宴一起舉行，這樣不但可節省許多時間，而且場面也因賓客眾多顯得更加熱鬧，同時也能讓男女雙方的親友有更多的認識機會，這也不失為一種值得採納的宴客方式。

結婚喜宴　價位：一桌約為 $8,000 ～ 25,000 以上

若是訂婚宴和結婚宴分開舉行，一般的結婚宴所邀請的賓客就以男方的親友為主。對於預算有限的新人來說，選擇避開搶手的宴客好日子，除了可以不用跟許多人搶場地之外，還能夠享受到許多特別的優惠。

此外，在非旺季的促銷期，許多飯店會推出各種超值優惠配套，例如酒水折扣、蜜月套房免費住宿、贈送場地佈置……等，可以讓新人們省下一筆不小的開銷。

戶外婚禮　價位：一桌約為 $*9,000* ~ *25,000* 以上

戶外婚禮是現在逐漸流行的一種婚宴方式，受到西方文化影響，這類喜宴多半是以下午茶或 Buffet 的方式在戶外舉行，只要陽光燦爛，無論是在令人心曠神怡的綠茵草地上聆聽蟲鳴鳥叫，或是面對風光明媚一望無際的碧海藍天，即使是簡單素雅的佈置，也同樣能營造出溫馨舒適的氣氛。

而戶外婚禮之所以受到歡迎的另一個原因，就是在於它沒有固定的席位，因此如果新人不太懂得控制受邀人數，這種婚禮就比較能夠避免座位安排的問題；而另一方面，則是因為大家都能任意走動，因此更增加了賓客與新人之間的互動。

不過戶外婚禮有著最難以掌握的因素：天氣。在與婚宴會場人員洽談時，記得要詳加確認遇到豔陽或是雨天時的預備方案，不論是寬廣的廊院設計、或是臨時搭建的帳篷，都是需要預先談定的條件。而為了降低天氣對婚禮的影響因素，也可以考慮折衷的方式，將婚禮儀式與宴客場地分為室外與室內。如此一來，既能享受在自然包圍下證婚的浪漫，也可以讓賓客舒舒服服的在室內享用佳餚。

婚宴佈置

價位：$10,000 ～ 100,000 上下

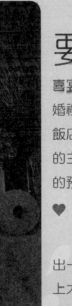

要讓參加喜宴的賓客都留下深刻的印象，宴客當時的氛圍是非常重要的，一般來說，專門辦理喜宴的飯店都會有基本款的佈置，不想大費周章佈置婚禮場地的新人，在選擇婚宴場地時，最好就要考慮飯店本身有特殊建築風格。但如果想要呈現的是獨特的主題式婚禮，在會場佈置上，就需要準備一筆額外的預算了。

♥ 主題式婚禮

所謂主題式婚禮，就是大量利用某些元素，營造出一種特別的氣氛，例如粉色系的鮮花、紗幔，再加上大量的乾冰、泡泡、燭光，以及飄在空中的心型氣球，就能讓婚禮表現出羅曼蒂克的浪漫風情。

喜愛藍白色系海洋風的新人，地中海式婚禮一定會深得你心，利用沙粒、貝殼以及藍白色系的薄紗等材料，就能創造出猶如置身在愛琴海的宴會場景。

而喜歡小熊的新人，更可以用小熊為主題，搭配上戶外婚禮的森林氣氛，營造出溫馨浪漫的獨特婚禮。

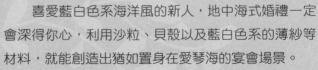

 ## 掌控預算小訣竅

龐大的婚禮開銷，往往是造成婚期不斷延後的主要因素，對於口袋空空的新人，除了能求助銀行貸款外，好好熟悉以下這些小訣竅，一樣能讓想婚的你們舉辦一場別具特色的創意婚禮！

♥ 訣竅一：盡早籌備婚禮

越早籌備婚禮，除了時間越寬裕，能以較輕鬆的心情準備得更加周全之外，還可以在各種婚禮物品有折扣時，撿到好康優惠。像是喜餅、婚紗攝影、喜酒宴席等，都常會推出不定時的特惠方案，可以等到那時再預訂，自然就能省下一筆。

♥ 訣竅二：參加聯合婚禮

喜歡熱鬧又怕麻煩的新人，建議你們不妨考慮參加由公家機關所舉辦的聯合婚禮，由於參加聯合婚禮可以不需要自行打理許多的細節，還能得到舉辦單位所提供的禮品，因此這樣的形式，越來越受到眾人的歡迎。再加上現今聯合婚禮創意十足，還會邀請多位重量級貴賓參加，能夠受到他們的祝福，相信也會成為日後令人難忘的一段回憶。

♥ 訣竅三：多利用網路資訊

網路的發明，實在是造福了千千萬萬的現代人，不論是什麼樣的疑難雜症，幾乎都能從網路上獲得解決，你可以看看許多過來人的經驗談，了解籌備婚禮時

Chapter 1 | 當幸福來敲門

Chapter 2 | 畫出未來的藍圖

Chapter 3 | 最甜蜜的課題

Chapter 4 | 兩人四手打造專屬婚禮

Chapter 5 | 攜手走過愛的饗宴

Chapter 6 | 我・愛・你

可能會發生的狀況，或是一些創意好點子，以做為自身的參考。此外，透過虛擬的網路商店購物，也是非常省時省力又省錢的方式，任何你所需要、想要的物品，都可以在網上找到，其中當然包括了婚紗攝影、禮服租借、各式婚禮小物、婚禮專業人員服務……等。

不過，在這裡還是要提醒大家，由於網路上的資訊五花八門，應該多方面搜尋，並且懂得明辨分析其正確可靠性。而在網路購物方面，也別忘了多比價，看看其他買家對於此商家的評語，選擇信譽良好的商家是很重要的。此外，要注意金融交易的保密性與安全性，以免信用卡密碼外洩，而遭到盜刷的不幸事件發生。

♥ 訣竅四：使用社群網絡

隨著網路科技的發達與社群網絡的興起，年輕一代的新人其實可以多利用社群網絡來聯繫。例如喜帖的寄發其實也是一筆可觀的數字，如果能事先透過社群網路確認大致可能參與的人數來寄送，便可大大減少不必要的支出，更能精準的掌握賓客的狀況。另外婚紗照的發佈以及訊息的張貼，更能讓那些無緣參與的親朋好友們，也有機會為你們捎來祝福。

♥ 訣竅五：租借婚禮用品

許多的婚禮相關用品，像是婚紗、禮服、配飾等，可能除了在婚禮會派上用場之外，平日根本不可能再穿戴，因此不妨考慮以租借的方式。而在禮車方面，如果預算有限，也不一定要向租車公司出租，可向有車的朋友情商，並且擔任婚禮當天的駕駛，相信多數的人都會非常樂意沾沾喜氣的。

♥ 訣竅六：以冷靜理智的態度多做比價

在選擇購買婚禮用品時，切記一定要貨比三家，到商品的集售地點選購，也是不錯的方式，因為在集售地點比價，不用花費力氣四處尋找商家，而且由於競爭激烈，議價空間自然就比較大，此外，那裡的資訊也比較齊全，可以買到款式較新的商品。

♥ 訣竅七：DIY 婚禮小物

想要讓眾人對你們的婚禮印象深刻，其中的方式之一，就是贈送一些精美的小禮物，在婚宴結束之後，送給賓客作為紀念，但是如果婚宴邀請的人數眾多，這種小禮物其實也會是一筆不小的開銷。若是時間充裕的人，可以嘗試 DIY 婚禮小物，自己設計製作一些特別的精緻禮物，不論是網路上或是書局，都能找得到很多婚禮小物的製作教學方法，材料的部份，則可到相關的批發商店購買，不但省錢，也能從中獲得不少的樂趣與成就感。

♥ 訣竅八：選擇婚禮淡季舉行婚宴

一般來說，六月份以及農曆八月十五日之後到年底的日子，都算是結婚的旺季，想在這段時間舉行婚宴，至少都要在半年前才能預定到場地，因此想要在這時得到一些折扣或優惠，根本是不可能的事。相對於此，農曆七月的淡季時，業

者為了吸引顧客，自然就會推出許多特惠方案，如果想節省預算，希望賓客都能來參加你倆的婚禮，選擇婚禮旺季之外的日子準沒錯。

♥ 訣竅九：慎選賓客

邀請賓客可說是婚宴當中一門不小的學問。若是把自己的婚宴當成賺錢時機，亂丟紅色炸彈，尤其是平常都已失聯的小學同學、前任同事，硬要把人家挖來，實在令人困擾。若是席位有限，單身人士或許比已婚人士更應優先考慮，因為已婚人士可能會攜家帶眷，一桌的席位就被佔去了一半，人數也較難估計。

♥ 訣竅十：精準計算與估計

籌備一場婚禮時，預算的掌控可說是相當重要卻又不易的。像是在婚紗攝影方面，許多人由於所挑選的照片數量，超過了原本配套中所提供的，因此而增加了婚紗攝影的預算；而飯店宴席方面，也是另一個需要準確估計的開銷，除了慎選要請賓客之外，當喜帖寄出之後，不時的確認與提醒是很重要的，以免婚宴當天，若是參加的賓客沒有預期得多，不但場面顯得冷清，若是預訂的席位無法退掉，就會成為不小的損失，不過最糟的是，如果來的賓客超過了原先所預期的，到時又無法加席時，那場面可就尷尬到極點了。

Chapter 2
畫出未來的藍圖

精準掌控好婚禮所需花費的預算開銷,是新人們邁向
幸福的第一步,而舉行一場婚禮所需要處理的大小
瑣事,則是新人們必須面對的第二項挑戰。想要從
容不迫地順利將所有細節都處理妥當,最好的方式,
就在於做好事前規劃。給自己充裕的時間來做準備,
才能讓這獨一無二的婚禮不會留下任何遺憾。

幸福旅程第二站
擬定婚禮籌備進程

在某些特定的日子裡，總會在馬路上看到絡繹不絕的迎親車陣；又或有時，會在同一天中連趕好幾場喜宴。似乎大家都喜歡不約而同的選擇在同一個時間舉行婚禮，這無非是因為那是個宜娶宜嫁的好日子。

想要在黃道吉日舉辦婚宴，事前的時間規劃就一定要完善。否則不但挑不到喜愛的婚紗、飯店宴席也會一位難求，甚至連邀請的賓客，也可能因為已經答應參與他人的婚禮而無法出席自己的婚宴。那將是多麼遺憾的一件事啊！

♥ 充分的時間規劃

婚禮當中的每個細節，所需要的準備時間都有所不同，有些事情可能在半年前就要開始籌備，但有些事情也許幾天前準備都還來得及。先把婚禮中所要準備的事項一一列出來，再根據專家的建議籌備期來做規劃，才不會匆匆忙忙、手忙腳亂喔！

婚禮籌備規劃進程表

六個月前
- 決定婚禮形式及預算
- 選定婚宴日期
- 預定酒席場地
- 選擇婚紗攝影公司及禮服
- 瞭解相關禮俗及應準備物品
- 決定新婚住所及選購新居用品
- 進行婚前健康檢查
- 安排護膚與健美計畫

三個月前
- 選購婚戒首飾
- 選擇喜餅樣式與數量預計
- 設計宴客場地佈置
- 擬定宴客名單
- 擬定工作人員名單及工作分配討論
- 進行美髮、美容、與全身保養
- 試穿修改禮服及選擇相關配件
- 敲定新娘秘書

兩個月前
- 確定髮妝造型
- 拍攝婚紗照
- 喜帖設計印製
- 採購場地佈置及禮俗所需用品

一個半月前
- 試吃酒席菜色
- 預定禮車
- 邀請並通知主婚人、介紹人婚宴時間

一個月前
- 與婚宴相關之工作人員討論並確定負責之工作
- 確定婚禮攝影、錄影人員
- 打掃與整理新房

兩週前

- 寄發喜帖並以電話確認出席人數
- 再次與工作人員確認婚宴細節
- 與飯店及婚紗公司聯繫確定相關事宜
- 進行護膚護髮保養
- 預定新娘、伴娘捧花、胸花、盆花、禮車用之禮花等
- 派送喜餅
- 領取婚紗照、婚卡等

七天前

- 清點各項用品是否準備妥當
- 確定修改後禮服是否合身
- 購買宴客當天所需之喜糖、瓜子、菸酒、汽水等
- 再次確認出席人數
- 進行護膚、護髮保養

兩天前

- 交代工作人員之注意事項與細節
- 再次確認婚宴場地及各項事務聯繫
- 新居打掃

一天前

- 與新娘秘書確定婚宴當天梳妝時間
- 進行全身保養
- 確認禮服、首飾、紅包禮及婚宴當天用品備齊
- 與工作人員確定集合時間及場地佈置事宜安排
- 禮車準備及告知司機路線與時間掌控
- 保持充足的睡眠休息

婚宴當天

- 保持愉快的心情
- 吃一頓豐盛的早餐
- 將貴重與重要的東西交由一位好友或專人保管
- 所有聯繫工作請一至兩位有經驗的親信全權負責，以安心投入婚禮的幸福氣氛當中

 婚禮當日重點備忘錄

雖然有人說，結婚是兩個人的事，但不論是訂婚、結婚當日，都有許多的程序及細節需要注意，因此也需要其他人的幫助，才能讓一場婚禮儀式順利舉行。

尤其是在婚禮當天，身為主角的新郎、新娘，如果能夠以愉悅幸福的心情，接受眾人的祝福，而不用為婚禮的大小瑣事擔憂分心，那才是最完美、且具有紀念意義的婚禮，因此整個婚宴儀式當中的瑣碎事務，最好是能交給有經驗又值得信賴的人來負責。

如果你有足夠的預算，不妨考慮聘請一位婚禮顧問，讓他為你處理所有的大小事宜，但沒有這筆預算的人，在將工作交付給你所信任的親戚好友前，應擬定好一份備忘錄，詳細地列出婚禮當中的所有流程和預定時間，才能讓所有參與其中的工作人員，都清楚地知道何時應該做些什麼事，讓婚禮能夠順利進行。

出發前一個半小時至二小時　　　　　　　男方親友團集合

準備事宜	1. 婚禮儀式所需物品，如：訂婚戒指、聘禮、聘金、紅包、鞭炮……等。 2. 禮車裝飾與配件如：禮花、紅綢緞、胸花……等。 3. 拍攝或紀錄訂婚儀式器材，如：照相機、攝影機……等。
負責人員	1. 聯繫與確定所有人員到齊。 2. 清點準備物品是否備齊。 3. 佈置禮車，確定所有人員的胸花、配件均已配戴。 4. 告知參加人員各自負責事項和注意細節，確定所有人都能熟知每項流程及時間的掌控。

出發前一小時　　　　　　　　　　　　　男方親友團集合

準備事宜	1. 前往地點與地圖指引。 2. 聯繫工具，如手機、無線對講機……等。 3. 乘客名單。
負責人員	1. 確定禮車駕駛熟知前往地點與預訂抵達時間。 2. 每部禮車所負責承載之乘客分配。

抵達目的地　進行婚禮儀式

準備事宜	1. 婚禮習俗準備物品。 2. 拍照攝影器材。
負責人員	1. 掌控婚禮儀式在預計時間完成。 2. 拍攝紀錄儀式過程。

前往宴客地點前　抵達地點之交通聯繫

準備事宜	1. 前往地點與地圖指引。 2. 聯繫工具，如手機、無線對講機……等。
負責人員	1. 清點所有應帶物品。 2. 與禮車駕駛確定下一個抵達地點。 3. 確定所有乘客均已上車。

婚宴開始前一個半小時　會場佈置

準備事宜	1. 婚宴相關器材用品，如：婚宴音樂、簽名網、婚紗照、謝卡、文具…等。 2. 賓客名單。 3. 會場燈光、音效測試。
負責人員	1. 婚宴上若有男女雙方親友，可各自請男女方所熟識的人員擔任其招待工作。 2. 安排會場佈置。 3. 告知工作人員各自負責事項和所需注意細節。 4. 確定賓客名單及入坐位置。

賓客陸續到場時　收禮與邀請賓客入坐

準備事宜	1. 茶水、點心。 2. 賓客聯繫名單。 3. 會場音樂。
負責人員	1. 禮金紀錄。 2. 安排來賓入席位置。 3. 聯繫重要賓客是否到場，以確實掌控開席時間。

宴席開始　新人進場

準備事宜	1. 入場音樂。 2. 燈光音效。
負責人員	1. 安排工作人員入席，並隨時注意是否有晚到賓客的招待。 2. 貴重物品保管。 3. 隨時掌控宴席流程，如提醒新娘換裝、送客……等。

宴席結束　會場整理

準備事宜	1. 婚宴所有自備物品清單。
負責人員	1. 清點與整理所有自備物品。 2. 借物品歸還，如：婚紗、禮車……等。

婚禮工作人員名冊本

職稱	負責事項	姓名	連絡電話
男方親友團召集人	聯繫相關人員、工作分配及流程掌控		
男方親友團	協助婚禮儀式順利進行		
女方親友團召集人	聯繫相關人員、工作分配及流程掌控		
女方親友團	協助婚禮儀式順利進行		
媒人	訂婚儀式引導		
伴娘	協助新娘所需		
伴郎	協助新郎所需		
新娘秘書	新娘換裝、妝髮造型		
禮車駕駛	前往目的地之接送		
攝影	訂婚儀式全程紀錄		
拍照	訂婚儀式全程紀錄		

宴會總招待	協調餐廳事宜，工作分配及流程掌控		
男方招待	帶領男方賓客入席、安排桌次、茶水、點心補充		
女方招待	帶領女方賓客入席、安排桌次、茶水、點心補充		
DJ	現場音樂及燈光效果控制		
攝影	婚宴儀式全程紀錄		
拍照	婚宴儀式全程紀錄		
司儀	婚宴主持		
收納	負責收禮金及記帳		
總務	計算水酒量、保管禮金、支付喜宴款項		
其他			
其他			

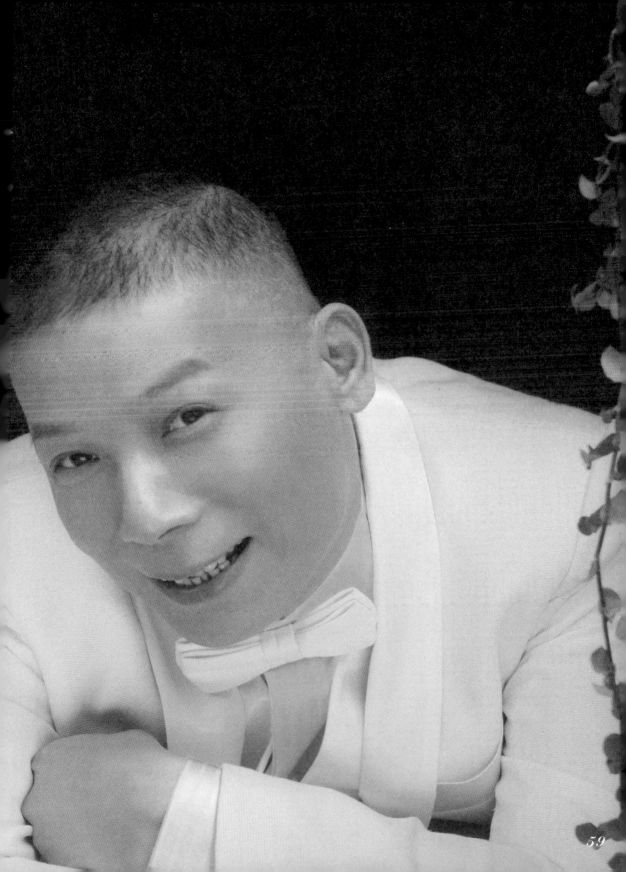

Chapter 3
最甜蜜的課題

結婚是一種甜蜜,而當中更有許多課題必須由兩人一
同面對。有了初步的預算和計畫之後,接下來就是一
連串比價和談判的過程了,有好的協商溝通技巧不
但能精準的控制預算,還能為倆人爭取到許多福利,
讓整個婚禮更加符合你們的期望。

幸福旅程第三站
談判與選擇技巧

一場婚禮，需要籌備的事情多如牛毛。如果能夠找到幾家值得信賴的公司，之後的事情就可以輕鬆不少。因此，婚禮中很重要的一個環節，就是了解與各公司談判與選擇的技巧。不論是婚戒、婚紗攝影、宴客場地、還是婚顧公司，只要能掌握重點，不但能幫助你在簽約時預留比較大的談判空間，更能清楚了解自己的權益而避免惹來一肚子氣。

如何選擇婚紗公司？

拍攝婚紗照，是許多人一輩子的夢想，而對於這段美麗浪漫的回憶，更是無論如何都想要留下一個完美的驚嘆號。然而動輒數萬元的婚紗照不僅價格不斐，萬一拍壞了不僅錢花得冤枉，更是掃興之至！

因此，如何挑選一家婚紗公司，能為你們量身打造美麗的婚紗照，又能幫你顧好荷包，也就顯得格外的重要了。以下的選擇關鍵，在你走進婚紗店以前，一定得先瞧一瞧、比一比唷！

♥ 參考親朋好友的經驗值

在這之前，要先了解自己想要的婚紗和婚禮是什麼樣子的，然後再參考有拍過婚紗經驗的親朋好友，詢問他們對承接自己婚紗服務的公司是否滿意，哪些服務是你無法接受的，從中篩選出口碑、信用、品質都不錯的婚紗公司進行比較。

♥ 親身體驗每一家的服務方式與產品

婚紗公司提供的服務，對消費者來說最重要的就是婚紗禮服和攝影作品，另外還有一項不可忽略的是服務人員的態度和專業度，因為婚紗服務的過程繁複且不只一次。可以經由和服務人員的直接接觸，觀察他們所做的服務是否符合你的需求，並且可以完成你的夢想。

♥ 要貨比三家

如果你還沒選定你要的婚紗公司，希望藉由親身體驗之後才決定時，務必要謹守「貨比三家不吃虧」的原則。不過，婚紗業的競爭非常激烈，一些婚紗公司往往會對完全沒經驗的新人展開軟硬兼施攻略，試圖一次就讓你掏出錢來下訂，常常讓新人招架不住，也喪失了第二家、第三家比較的機會。因此，如果不想事後才來後悔，建議逛婚紗店時身上最

好不要帶超過一千元現金，信用卡更是千萬不要拿出來。另外，在坐下來詳談時最好先跟業者表明：「我今天可能沒辦法做最後決定，所以我不希望有壓力，也不要強迫我做決定。」如果對方態度不佳，此時就應該走人，換一家可以認同與接受你想法的業者。

♥ 要有自己的主見

要先有自己的想法，告訴業者你期望的感覺、你想受到哪些服務、希望婚紗公司能提供的有哪些…等等，最好能夠具體的列出一張表格，屆時才能沉穩的商談，也才不會讓業者牽著鼻子走或左右你的決定。如果你表現出有自己的想法並堅持立場時，基本上業者較不會強迫或硬要你做某些決定的事情。

♥ 選擇商譽佳的業者

一般來說，口碑好、形象佳、品質穩定的婚紗公司通常都有一定的水準，但相對的價格也會比較高；如果你沒有價格上的考量，可以考慮這些較知名的婚紗公司。而親朋好友的經驗值，以及形象較好的婚紗雜誌或網路意見，也可以成為你的參考準則。另外，也要多留意婚紗公司的經營情況，小心那些經常改名或剛成立不久的公司，如果對方急切的要求你們下訂，那麼先離開再說吧。

♥ 謹防惡性倒閉的業者

每年都有新人繳了錢、付了訂金，卻遇到經營不善或惡性倒閉的業者，讓新人急如熱鍋上螞蟻的案例出現。因此慎選知名度較高、顧客量穩定的業者還是較有保障，一些沒有知名度或規模很小的婚紗公司不在乎名聲受損，相對的風險也較高，除了記住不要一次付清現款外，也要在每次的服務時多加觀察，一有問題就要提高警覺，才不會花錢又得不償失。

價格真能決定品質?

 然消費買東西，「一分錢一分貨」仍是不變的道理，但花大錢卻不一定能買到令人滿意的東西；而價格便宜的產品也未必都很差。因此，能不能真正找到符合你們需求的婚紗產品才是重點，而要尋求價格實惠、品質優良的公司，以下幾點原則是挑選婚紗公司時所不能不知的。

♥ 是否在價格上做文章

　　價格雖然是影響產品品質的關鍵之一，但並非絕對。一般而言，同樣的產品（以婚紗照組數來說）高價和低價大致價差在 1 萬元至 3 萬元之間，差異不算太大，但整體品質有時卻相差甚遠。挑選公司時也要注意，這家公司是不是故意用很高的價格，然後以很低的折扣銷售給你；或者在包套的內容上，以「便宜又大碗」的方式吸引你，實際上這些東西對你來說一點也不實際。這些都是業者大打價格折扣戰的一種伎倆，消費者不要輕易被騙。

♥ 能提供多少的專業服務人員

　　品質優良的婚紗公司從接待到婚顧、禮服挑選、造型師、攝影師等，都有不同的專人為你服務；但有

些婚紗公司卻只提供一人或兩人的服務人員，他可能同時是接待人員、禮服造型師、攝影師、挑片師等多重身份，這樣從頭包辦到底的服務模式，品質當然大打折扣。

♥ 所安排的服務流程是否完善

詢問並確認每一項服務流程是否都圓滿完善，好的婚紗公司在工作人員的配置上會較為完善，服務程序也較多，力求每一項服務流程做到確實無誤，以確保消費者對產品的滿意度。

♥ 工作人員的服務品質與態度

協助新人找到可以讓他們一輩子難忘的回憶很重要，好的服務人員會不厭其煩告訴新人你適合什麼，而不是一再給他們同樣的東西；且良好的婚紗公司在面對顧客的問題或抱怨時，也一定要確保每個流程階段都負起解決的責任，而不是把顧客丟在一邊，只顧賺錢而已。

♥ 清楚詳細的合約

為了避免消費過程中或消費結束後雙方有認知上的差異，因此在下訂或付款時，婚紗公司會給消費者一份合約書，言明各種細項。有些公司只會開一張簡單的估價單，上面只寫上付款時間與金額，甚至連公司名稱也沒有，一旦發生糾紛很難得到合理解決。因此，在消費時也要注意，合約書上是否有註明公司名稱、電話、地址、服務人員名字等資料，以確保你在消費時應有的權益，也比較可以保障這是個肯負責任的公司。

包套服務包了什麼？

幾乎所有的婚紗公司都是以「包套」的方式處理婚紗禮服的相關產品，一來省事、二來價格較划算（一項一項分開來算，價格會更高）。但你知道所謂的包套「包」括哪些嗎？是不是包得越多越划算呢？

♥ 包套是新人最方便的整體服務

以包套而言，台灣算是亞洲最便宜且品質完善的整體產品，鄰近國家像是日本、韓國、新加坡等國，價格都比台灣高出許多。包套對新人而言是一種相當方便的整體服務，能為新人一次提供很多項不同的專業需求，在很多國家婚紗禮服都是需要買斷的，而且每一項服務都要再另外找專業人員、另外付費，連攝影師、造型師也都得自己找，加總起來的費用往往很驚人。台灣這種包套服務，其實對新人來說便利性相當高、也非常划算。在婚紗公司常常看到有外國人士特地從海外飛回來台灣拍婚紗照，可見台灣婚紗業在價格與品質上有其吸引人的優勢。

婚紗包套著重在攝影以及禮服還有服務態度，其中最主要的三個大項包括：拍照時的婚紗禮服、婚紗照片、訂婚結婚時所穿的婚紗。比較細項的東西則有：謝卡、邀請函、相框、放大照片、簽名綢、大小囍字等，但這些算是小件的文具用品，新人不必因為這些小東西而左右了你選擇婚紗公司的決定，以免因小失大。

婚紗包套一般包含的項目

1. 主本、娘家本、掌中本 1～2 本

2. 謝卡：約 100～300 張

3. 親友卡、書卡
（視婚紗公司而定，不一定都有提供）

4. 相片喜帖
（視婚紗公司而定，不一定都有提供）

5. 20～40 吋放大照含框一個

6. 相片簽名綢或禮賓冊數本
（視婚紗公司而定，不一定都有提供）

7. 10 吋桌框至少 2 個

8. 婚紗 MV、成長 MV
（視婚紗店而定，不一定都有提供）

9. 訂婚結婚至少含一次妝
（視婚紗公司而定，有些需自費）

10. 提供至少一套的新郎禮服西裝
（視包套價格而定，或有兩套以上）

一次購買高價的包套較好，還是保留預算在加挑張數上，哪個划算？

每對新人的需求不一，有些人很愛拍照、有些人只想拍幾張留些紀念。但是仍然有很多新人原本設定好的組數，在挑選時發現想多挑幾組，但多挑的價格加起來往往比當初買多套組的昂貴，覺得划不來；也有新人本來買了組數較多的套組，拍出來發現不是那麼滿意，卻得勉強挑出足夠的照片。為了避免發生以上兩種遺憾的情況，新人對於要買組數多的套組還是少的套組，最好事先有所規劃。

如果新人很愛拍照

對婚紗照有強烈期待的，建議可以一開始就購買多套組的，或者先預算如果多挑 20 張、30 張，折扣的範圍在哪裡？這樣的價格是不是能接受？倘若你已經很確實知道自己要多少張，設定之後就不太會增加的，就可以直接購買你要的組數，也可以確實掌握婚紗照的預算。

談定包套產品時的注意事項

當然，婚紗公司不可能所有條件都答應你，得視你的包套金額、婚紗公司的屬性、婚紗公司知名與否而有所變化。但記得新人不要被當凱子耍，但也不能要求的太過份，業者開店當然都是為了獲利，如果都被你凹光了，難保品質不會下降；而且如果業者什麼都答應你才更加要小心，不是在產品上偷工減料，就是公司有問題，以為是佔到便宜，說不定會吃大虧呢！為了避免這種風險，條件未談妥前千萬不要輕易下訂。因此，雙方談定的條件一定要問清楚，而且所有項目都要白紙黑字寫上去，只要婚紗公司答應的都要看著他寫上去才算數，只是口頭承諾一點也不管用唷！

新人應做什麼功課?

如果你不想拍出來的婚紗照和別人大同小異,除了要有自己想法、跟攝影師多溝通外,更應該事先將自己期望的內容羅列成表格,最好還附上可以參考的圖檔(不論是自己手繪,或是風格相近的照片),這樣在討論時才能明確的轉達你們的想法。另外,也可以留意每家婚紗公司的攝影風格,觀察每個作品的拍攝地點、動作表情是不是都一成不變、缺乏創意。

想拍出有自我風格的照片,婚紗公司通常會請新人多蒐集他們希望呈現出來的圖片感覺,以確定雙方的可愛、浪漫、優雅、時尚…等定義是不是相吻合,再把這些圖片與意見和造型師做溝通,之後再選擇拍照地點

♥ 首先,成為新娘、新郎之前,以下這些功課你得先做

1. 先了解自己的喜好與需求:

   每個人的身材與特色都不一樣,穿在他人身上好看的禮服,不一定穿在你身上就有同樣的效果,反之亦然;但每個人都能針對自己的體型與特色,挑選出最適合也最出色的禮服。所以,首先應該先針對自己的喜好與需求,再與婚紗公司做溝通,會有事半功倍的效果。

2. 多找一些婚紗相關資訊:

   希望婚紗照拍得完美、結婚當天成為與眾不同的新娘,最好隨時掌握最新的流行趨勢,才不會成為眾多婚禮中被淹沒的其中一個,失去了自己的特色。掌握這些訊息,對你在挑婚紗時會有很大的幫助。

3. 先打聽各家婚紗公司的價格與包套服務:

   先抓出自己的預算與上限,預算較高一般為 6 ～ 8 萬元起跳,大多在中山北路婚紗店一帶;價格較低的 3 ～ 5 萬元多分布在愛國東路一帶。當然如果你的預算無上限,動輒 10 幾萬元的婚紗照也有。

Chapter 1 | 當幸福來敲門

Chapter 2 | 畫出未來的藍圖

Chapter 3 | **最甜蜜的課題**

Chapter 4 | 兩人四手打造專屬婚禮

Chapter 5 | 攜手走過愛的饗宴

Chapter 6 | 我‧愛‧你

4. 先觀察哪家拍照的風格是你喜歡的：

然後你可以要求接待人員帶你看看這些婚紗，不一定要選擇這些，但起碼知道他們確實有這些禮服，照片是出自他們（有些業者是以買相片的方式，並非出自自家公司所拍攝）。

5. 先討論婚紗的預算：

有些新人在踏進婚紗店之前都沒有先想好預算，以致接待人員在介紹高價產品時無力招架；有些男性因為礙於面子不好意思拒絕而答應，女方也認為男方願意花這樣的預算，事後再來爭吵的大有人在。

6. 儘早規劃、預留充裕時間：

以往籌備婚禮（包括拍婚紗）的時間大約六個月就足夠了，但若希望有個完美又不用像趕行程似的籌備婚禮，最好提前 8 個月至一年的時間。很多經驗者都發現，好的婚宴場所越來越難訂，往往半年前就被訂走；另外，幾乎所有拍婚紗的新人都要求拍外景，而外景最穩定的天氣是在春夏之間，即使這些季節也常常出狀況，遇到壞天氣而延期的機率非常高；此時如果有充裕的時間準備，就可以避免掉這些時間的壓力，讓婚紗照可以在最好的狀態下進行。

可要求婚紗公司答應的條件

□ 禮服全區開放：挑選 VIP 禮服及全新禮服不加價

□ 拍照不滿意免費重拍：是否滿意由新人認定

□ 外拍提供保母車（一般由新人自備）及免費當日午餐

□ 外拍及禮服挑選時准許側拍

□ 新郎與新娘造型數，比新娘拍攝禮服套數

□ 訂婚、結婚當天禮服出狀況則所有包套金額全數退還

□ 指定攝影師、造型師不加價

□ 先協議好加挑的金額與張數折扣（加挑 1 張多少錢、達到多少張數時的折扣）

□ 若婚宴與外拍皆請同一位新祕，可要求折扣。另加贈安瓶。

□ 加贈捧花、胸花

□ 加贈特殊造型相框

 # 較常發生哪些糾紛？

即使再怎麼小心翼翼、仔細比較，你還是有可能遇到不愉快的購物經驗，選擇婚紗產品也是一樣。但這種一輩子可能只有這麼一次的美好經驗，任何人都不想被搞砸！所以，先了解一下一般人會碰到的婚紗糾紛有哪些，或許能提供你在選擇時的有利參考。

♥ 婚紗公司常碰到的問題

1. 新人本身無法拿定自己要的是什麼，在每一次的討論和溝通時很難定案，造成最後雙方認知不同而產生爭議。一般來說，拍婚紗有時間上的壓力，有些新人拍婚紗時距離婚禮只有很短的時間，無法每個流程慢慢去磨，要在這麼短的時間內做出決定確實很難，因此會造成與婚紗業者許多不愉快的爭議。

2. 新郎與新娘雙方意見不同而產生的爭執，例如女方想這樣做，婚紗公司順應了她的意見，事後卻發現男方並不想這樣而向婚紗公司反應；然而婚紗公司卻認為已經盡到了該負的責任，因此不予受理而產生的種種不快等。

3. 重拍婚紗的認知不同是很容易發生的狀況。原本新人承諾攝影風格讓攝影師自由發揮，但拍出來卻說：「這不是我要的！」這就是業者與消費者之間的溝通不良。如果合約上沒有言明清楚，就會造成雙方的不愉快與糾紛。一些較具口碑的婚紗公司會在了解情況後，如果是業者的問題就會負起重拍的責任；如果是顧客本身的因素，婚紗公司也會再次提供婚紗禮服拍攝，但必須請新人負擔彩妝費用。但通常一些規模較小的業者，很少會讓新人重拍，除非事前有很清楚的協議。

♥ 新人較常碰到的爭議

1. 婚紗公司承諾的事項沒有做到、產品縮水。原本答應新人的事項，等到服務做到一半或結束時才以公司不允許為藉口，讓已經付完款的新人啞巴吃黃蓮，但因為只有口頭承諾，新人只能自認倒楣。

2. 合約沒有詳細說明、只有口頭允諾，婚紗公司不認帳，如前所述。

3. 對婚紗照不滿意而要求重拍遭婚紗業者拒絕。多數婚紗業者當你提出「不滿意是否可重拍」時，都會信誓旦旦保證絕對沒問題，但安排一次婚紗攝影的過程既繁瑣、成本也不低，站在業者的角度當然希望一次就搞定。因此若出現消費者不滿意想重拍的情況，業者會極盡所能說服，新人最後通常只能照單全收，卻難免留下不完美的陰影。

禮服選擇的各種技巧

婚紗照的拍攝，在整個婚禮中扮演著舉足輕重的角色，許多新娘看的比婚禮當日還要重要。對於自己這「絕對完美的時刻」都期待有著最好的表現。雖然一般的禮服都是以展現美好曲線為設計重點，也就是「瘦一點」比較好看，不過隨著現代的觀念逐漸開放，其實活的健康快樂就是一種美的態度。多與婚紗公司的人討論，其實透過剪裁也能夠穿出自信的獨特風格。如果還是擔心自己的身材或是皮膚不夠好，那麼就一定要提早進行美膚塑身的計畫了唷。

除此之外，也要多練習面部表情與姿勢，新人可以在家對著鏡子擺出各種自己認為最好看、最自然的樣子，才不會到時候拍出來表情呆滯、動作僵硬。

♥ 新娘禮服的選擇重點

平胸骨感型：

體型較纖細的新娘，由於胸前鎖骨較明顯，適合穿高領的款式，可以將胸前至頸部的部份包覆起來，看起來會較為豐滿；也可以利用禮服的材質來修飾，例如紗質禮服。或者多考慮有繁複的繡花及蕾絲材質，來增加禮服的豐富感。

圓潤貴妃型：

身材較胖的新娘，不管胸部豐不豐滿都可以用馬甲來修飾，馬甲式禮服對於新娘最在意的胸部、腰部都有加分作用；不僅有纖腰的效果，即使胸前不夠偉大的人也可以襯托出豐滿的視覺。另外，U型背心領及低胸的細肩帶禮服也有修飾臉型的效果。

下半身圓潤型：

較不適合穿下襬很貼身的魚尾禮服，以免肥胖的曲線畢露，最好挑選從腰部以下蓬鬆的款式，這樣可以恰如其分地把肥胖的部位遮起來，突顯上半身的姣好身材；或者選擇A字硬鍛材質的長禮服，來強調腰線及延伸下半身的線條。

♥ 新郎造型的調整重點

隨著時代的演變，現代的新郎也理解到婚禮是一輩子的大事，希望能在婚禮當天和另一半共同展現出人人稱羨的風采。雖然新郎本身可以變化的造型比新娘少，但只要透過禮服的修飾與配件的強化，就能呈現出專屬的風格與個性感。例如：眼鏡、袖扣、領結、腰風等，或者從髮型上去做變化，都有畫龍點睛的效果。

想要挑選出適合的禮服來修飾身形時，必須先認清自己屬於哪一種體型，才能做出正確的選擇。當然，如果能夠請專業的店家幫忙挑選，或許能更輕鬆的找到適合自己的禮服。

圓潤型：

一般保守型的建議是選擇平口式的禮服，並盡量避免絲瓜領。有稜有角的箭領較能修飾圓潤的臉型。款式以簡約、單排、深色系為佳，這樣較有拉長身形的效果。而開雙排扣的禮服以及緊貼的腰封則請盡量避開，搭配上小背心較能讓他人的注意力不會集中在肚子一帶。

不過若是禮服的剪裁得宜，不論是絲瓜領或是晨禮服，圓滑而流線的造型反而具有修

飾的效果。而晨禮服由腰位向後收窄的設計，更是能夠遮掩缺點，並且讓雙腿的線條看起來精實修長。

清瘦型：

建議穿著剪裁圓身的禮服來增加份量感，質料也請選擇較為硬挺的布料，在合身的版型下，這樣不但能夠掩飾過於削瘦的骨架，也能使人整體看起來更為精神。款式方面則可試著選擇燕尾服，收腰的效果能讓上半身呈現精壯的倒三角體型，加上一整套的背心與領巾搭配，更能強化層次感，使新郎看起來更為穩重。

矮小型：

適合穿著簡單的單排禮服，直條紋與領間向上的款式都有拉高的效果；版型的重點在於強調腰線的位置，應使下半身的比例呈現的較為修長。另外如果要選擇雙排扣、燕尾服的禮服，則必須要特別注意剪裁，以免讓腿形看來更短而變成了反效果。

如何選擇造型彩妝師？

要確定你挑選的婚紗公司是否在造型上有經驗；要幫你做造型的彩妝師的技術是否能完美呈現你的妝容。如果不確定，建議可以先行試妝，然後再針對妝容不滿意的地方與造型師進行溝通並改善。挑選重點可以從以下幾點作考量：

1. 造型年資：

年資往往是決定成品好壞的重要關鍵，年資較長的造型師，自然熟練度與精準度也較高。

2. 作品表現：

可以從他的作品去觀察，看是否能夠令你滿意。

3. 具變化性：

不要挑選只做固定幾種造型的彩妝師，而是擅長做各種不同變化造型的，才不會讓你的妝容像樣版臉譜一樣缺乏新意。

外拍景點的絕佳選擇

當一切都準備就緒後，接下來當然就屬重頭戲「拍照」囉！就如婚紗公司所說的，新人裡面有 99.9％都想拍外景，所以外景的地點就成為新人們最在意的項目之一。一般來說，除非你自費包下彩妝師隨身跟拍，否則新人因為需要回婚紗公司換裝（妝）的關係，景點最好不要選擇太遠，大都以所在區域不超過一小時車程的地方為最佳選擇。因此，每個地區都有新人青睞的特色與喜好，例如北部的陽明山、淡水；東部的花蓮、台東；中部的東海大學、自然科學博物館；南部的墾丁、中山大學…等。

以北部景點來說，以陽明山、淡水、沙崙、金山一帶最受新人歡迎，但也由於太多人拍過，很容易流於平淡無奇，建議可以換一些不同的小景點，只要場景與畫面好看，拍出來的效果也可以很棒。或者若有較多的預算與時間的話，可以嘗試到較遠的地方取景，像是東部的花蓮、南部的墾丁；喜歡時尚感覺的人，可以找一間自己常去或喜歡的 CLUB 取景，或者到你決定宴客的飯店或餐廳、兩人共同回憶或值得紀念的地方等，都會比已經被拍到膩的景點來得更加有意義。

♥ 網路推薦的絕佳景點

自來水博物館、陽明山、大屯花園農場、教堂／陽明山花卉實驗中心、陽明山溫泉荷花池、竹子湖、士林官邸、青青農場、金山、翡翠灣、三芝、炮台公園、淡水海邊、北新莊花園、沙崙、淡水綠地公園……等；往南一點可到桃園富田農場、新竹縣尖石鄉薰衣草森林、清大校區、新竹科學園區人工湖、新竹火車站、玻璃藝術博物館、苗栗三義鄉、西湖度假村……等。

挑選寶石的關鍵訣竅

如何選購寶石常常是新人極為頭痛的問題，由於平時並不常有機會接觸到這方面的訊息，而在這個難忘的時刻，又希望能用完美的寶石以作為永恆的紀念。因此新人常常會擔心是否會買到假的寶石？品質是不是有問題？又或者價錢上是否買貴了。其實只要掌握以下幾點訣竅，就能讓你挑的安心買的放心！

♥ 鑽石

象徵永恆不渝的鑽石，仍是目前最多人的選擇。按一般的說法而言，購買鑽石要看4C：克拉（Carat重量）、切工（Cutting）、顏色（Color）、瑕疵（Clarity）。但事實上，購買4C還不夠，還要證書（Certificate），和商譽（Confidence）。因為購買鑽石時最先考慮的，應該是到哪裡去買──這時商譽就是很重要的評判標準。

接著考量的是預算，依照預算來選擇鑽石的大小，結婚鑽石以 30-50 分為最多；至於切工部分，目前流行的是八心八箭，若能有這樣的切工便是最優良的；最後還要判斷顏色或瑕疵。由於顏色好壞很簡單就可以區分出來，但瑕疵卻很不容易看到，所以瑕疵分級選 VS2 就可以了。而顏色可以選白一點，一般是 G、H、I 三個等級較多。

挑選寶石時，如果身邊有朋友對鑽石較為瞭解，那麼可以請他幫忙選購，也不一定非要有證書不可；但如果沒有這樣的朋友可以依靠，那麼就請選擇有 G.I.A. 證書的鑽石會比較好。價錢部分則可以參考 Papaport Diamond Report 鑽

石報價表，在多比照幾家的價格後，就可以安心的購買你倆今生最重要的紀念了。

♥ 有色寶石

除鑽石外都可以稱為有色寶石。挑選有色寶石時最重要的是：

顏色：

紅色就是要紅，不要黑、灰、紫或淡紅，一般是緬甸鴿血紅最好。請不要有產地的迷思，顏色紅才是最重要的；藍要深，不要帶灰，要絲絨藍或寶藍色藍。商業上來說錫蘭最好，但馬達加斯加顏色相似，價錢卻便宜的多；綠色翡翠要綠，不要暗或黃，顏色要深綠，外加透明就是所謂老坑玻璃種，厚薄也是影響價錢很重要的因素。祖母綠也是綠色最好，是交通號誌綠燈的綠，哥倫比亞祖母綠是其中之最。

火光或亮度：

愈有火就表示品質較好，雖然一般常認為有沒有火最重要，但其實有色寶石常有合成或優化處理的問題，一分錢一分貨，而錢更是應該要用到刀口上。除了多找幾家比價外，有了公信鑑定所證書才能讓您購買寶石時更加放心。

婚顧公司的選擇關鍵

所謂的婚禮顧問公司,其實定義很模糊,承辦的婚禮事項也不盡相同。坊間有婚紗公司附屬的婚顧,包括婚禮諮詢、現場協助、流程安排、佈置等,視顧客的需要而去勾選項目;也有婚紗公司和飯店業者做結合的配套,以及餐廳或飯店附屬的婚禮企劃,大致包括婚禮進行的掌控、場地佈置、司儀提供等,多數的婚禮顧問公司,都是著重在婚禮當天的活動企畫上。現在,卻有些婚顧公司標榜從你決定結婚的那一天起,就可以幫你量身訂作你要的服務,直到婚禮結束那一天,包括新人的婚事籌備管理、預算規劃、婚俗諮詢、流程安排等,甚至喜餅等各種精品的挑選製訂都可以包辦到好,可謂一套完整的婚禮企劃與執行。

♥ 交給婚顧搞定一切

結婚是一件令人開心卻又讓人頭痛的大事,很多人在處理婚姻大事時,常因為太多煩人的瑣事,弄得不僅小倆口爭吵不斷,就連要結為親家的兩家人也爭得面紅耳赤!霎時原本美麗的畫面瞬間幻滅,喜悅的婚禮也成為難忘的「夢魘婚禮」。

如果你擔心這樣的場景發生在自己身上,你又是個超級忙碌、怕麻煩,而且有一些預算的話,就可以考慮將這些繁瑣的事情交由經驗豐富的婚禮顧問公司為你打理一切。

當然!面對結婚這種大事,再怎麼置身事外,一般人還是希望有些參與感以便留給雙方當成日後共同的甜蜜回憶,像是婚紗照的拍攝、鑽石金飾的挑選,新人大

都希望能自己來。但是接下來的婚禮佈置、MV 攝影、喜帖的印製、宴客地點的選擇…等，甚至是喜糖、喜帖、送客禮這些很小卻也不能馬虎的事情，只要是與婚禮相關，就可以交由婚顧公司籌備，依照你所需要被服務的項目來決定價格。

很多有過結婚經驗的人都知道，每一項細節都自己去找的話，除了價格加總起來很嚇人，時間成本更是難以計數。如果有一家婚顧公司像餐廳點餐一樣，可以選擇單點（單項）或套餐（包套），提供你所要的需求，對新人來說確實是一項令人心動的方式。如果你選擇的是從頭到尾都需要婚顧幫你籌備的方案，最好在六個月前先找好，雙方都有較多的時間進行溝通、設計與籌備，讓你的婚禮能更臻完美。

♥ 挑選婚顧的重點

1. 先清楚自己的需求：

如果只是要一場簡單的婚禮，沒有繁文縟節的婚禮習俗，婚事完全可由小倆口自行決定，只希望婚禮當天可以美美出場、現場氣氛很好，或許花點錢找婚顧是一項正確的選擇。

2. 預算有多少：

一般來說，婚顧的基本價位從 5 萬元起跳，總金額則要視你所要求的項目而定。但在前往婚顧公司詢價時最好先要有一定的認知，才不至於讓對方簽著鼻子走。

3. 觀察婚顧公司的規模：

要確定為你服務的團隊有多少人？有多少東西是外發？有些婚顧公司是一兩個人組成的工作室，所承接的婚禮相關事務大都是外發給其他協力廠商，產品的獨特性與品質控管都是問題。

4. 別被華麗不實的樣品所騙：

有些新人到婚顧公司溝通時，被服務人員拿給他看的成品照片或 DEMO 帶所誤導，以為他的婚禮也會跟樣品裡的一樣。事實上，大部份給顧客看的 Sample 都是較高成本、甚至超出你的預算數倍打造出來的，新人一定要問清楚：「這是花多少錢辦的？」以免心裡的落差過大，到時候懊惱又失望。

♥ 選擇婚顧的優點有哪些？

婚禮中會碰到的狀況往往超乎你的想像！就因為經驗不足（或根本沒經驗），婚禮中經常鬧出不少笑話，甚至弄得廠面難以收拾；如果交給擅長處理這種瑣事經驗豐富的婚顧公司，或許這些尷尬場面就能夠避免。哪些狀況是一般常會碰到的，交由婚顧打理的優點為何？請看以下分析：

1. 解決時間與體力問題：

結婚有多累人，相信參與過的人都知道。對於忙碌的現代人而言，時間、體力甚至比金錢還重要。因此，省事不累人、每個細節都能打點妥當，是最起碼的要求。

2. 彌補經驗的不足：

多數人都是第一次結婚，即使婚禮前掌握到很多可能發生的瑣事，但等到真正發生的那一天，還是會有諸多狀況是你事前想都沒想到的。例如，新人進場行進間燈光的控制，宴客氣氛熱鬧與溫馨的掌控，捧花該怎麼丟、何時該丟…等，這些細節婚顧在企畫時都會設想進去，藉由他們豐富的經驗和默契，可以立即將場面控制得宜。

3. 能做全盤的安排與掌控：

在婚禮規劃時，或許新人對很多小事情可以應付或做適度的掌握，但婚禮當天卻任何事情都得假手他人，此時如果有個團隊能幫忙做全盤的安排與掌控，新人只需好好地當主角就好。

4. 更能輕鬆享受結婚的喜悅：

在可掌握的時間內選擇婚顧公司籌備婚禮，經由婚顧的設計與流程安排，新人只需針對雙方所規劃出來的「婚禮進行流程」按表操課；婚顧人員會定時提醒你該做哪些事情，毋需擔心每一個階段會有遺漏或缺失，只需輕鬆等待結婚的喜悅。

婚宴場地的選擇重點

隨著婚宴的日子越來越近，所要張羅的事情也越來越多，其中最主要的重點首推婚宴場所了。雖然每個人考量的重點不同，但大致上還是有一定的遵循標準與原則，或許可以從以下四點去做考量：

1. 預設邀請的賓客人數。
2. 每桌的預算。
3. 餐廳或飯店的品質，周圍的交通方便性。
4. 飯店是否有提供婚禮顧問與會場佈置。

依據以上需求去做評估與挑選，原則上，婚宴場所與菜色還是「一分錢一分貨」，但是若能花時間多比較幾家，多聽聽親朋好友或經驗者的意見，相信還是可以找到價格合理又能符合你需求的婚宴場所。

可以向婚宴會場爭取的優惠

·婚禮顧問	·走道花、桌花、收禮桌花
·免費（並指定）會場佈置	·香檳塔
·賓客免費停車	·蛋糕塔
·贈送歸寧（或彌月）一桌或宴會折扣	·氣球
·每桌加贈一瓶紅酒	·指定喜糖籃
·免開瓶費	

♥ 婚宴場地選擇的優缺點

飯店婚禮：

通常飯店對於處理正式及大場合較有經驗，最適合要在短時間之內籌備婚禮的新人，而相關設備齊全也是確保婚禮進行順利的關鍵之一。但缺點就是場地受限，比如新娘想丟捧花，卻因為場地侷限而失去預期效果，令場面尷尬；而且一般人所謂的「好日子」也常常一位難求，還是得儘早預定，或者避開晚上的黃金時段而改在中午進行，也不失為一項聰明的選擇。

戶外婚禮：

會選擇戶外婚禮的新人多半是衝著氣氛浪漫、不想拘泥於固定的空間與形式、希望打造不同於傳統的宴客場地⋯⋯等因素，而且在流程的安排上也較有彈性，較適合觀念新潮的族群。而在籌辦戶外婚禮時須特別注意天氣的掌握、場地條件、交通便利性、及環境音量（是否會引起附近騷動或噪音等）等因素也要考慮進去。因此，選擇戶外婚宴場所，一定要謹慎規劃雨天備案，讓婚禮完美呈現。

自助式婚禮：

針對你宴客的人數，選擇一家你較為熟悉的餐廳包場，優點是用餐方式輕鬆、氣氛溫馨，賓客可以自由取用餐點，沒有圓桌喜宴式的拘謹與嚴肅；但缺點是取餐的動線及上菜速度的掌握，如果安排得不恰當，很容易給賓客招待不週的感受。

Chapter 4

兩人四手打造專屬婚禮

婚禮是兩個人的浪漫。對於某些新人來說，擁有一場
與眾不同的專屬婚禮，遠比排場壯闊的飯店、或是貴
氣華麗的長擺白紗來的令人雀躍。審視自己的需求，
選擇最適合自己的方式來記錄這場浪漫風暴吧！

幸福旅程第四站
擁有自己的「玩」美婚禮

頂級的婚紗與名流攝影師，對你來說不是必要？那麼充滿個人特色的自助婚紗會是你最佳的選擇。隨著時代的進步，有越來越多的新人喜歡完全主導自己的婚禮模式，婚紗攝影不再只是單純的相本記錄，而是藉著這個機會重新回味那些幸福的瞬間。

而更多的新人喜愛簡單溫馨的小婚禮，無論彩妝、佈置、甚至婚禮主持都樂於交由有經驗的親朋好友一手包辦。這樣的好處，在於雙方的溝通與配合上絕對都能打上滿分，也比較容易能夠達成新人所設想的婚禮樣貌。而彼此渲染的歡樂氣氛更是讓整場婚禮多了幾許自然和樂的溫暖。

兩人獨享的浪漫記憶

還記得你們第一次牽手的地方嗎？告白的場景是否還歷歷在目？有多少好友因為錯過了你們的求婚而惋惜不止？沒關係，讓我們重溫這一幕幕專屬於你們的浪漫吧。

♥ 價格方案透明

　　自助婚紗是近來流行的一種婚紗攝影模式，與一般大公司的包套模式有所不同，透過小型工作室，除了能夠密切與攝影師溝通自己想要的成品樣貌外，更能依照自己的喜好選擇價格透明的各種方案。你可以捨棄相本、謝卡、婚紗 MV、喜帖、甚至是禮服，將這些節省下來的開支挪用到你認為最重要的事項上，更不用擔心是否忘了要求什麼贈品而喪失權益。

♥ 自由外拍創造獨家紀念

　　但事實上，自助婚紗強調的「自由度」不僅僅只是表現在方案選擇的彈性上。在最重要的攝影部分，自助婚紗業者多半捨棄了制式的棚內攝影，改予新人自由選擇外拍場景，在限定的天數內走遍天涯海角，一同追尋新人獨享的祕密天堂。從這種概念延伸而出的便是「婚紗旅行」，不少新人利用兩三天的短期旅行作為婚紗攝影的主軸，不再只為了照相而照，而是一趟攜手未來的浪漫旅程。

♥ 一次擁有所有回憶

　　當然，這些記錄既然如此獨特，那麼任何一張照片都不應錯過。是的，自助婚紗的另一特色就在於你能保有所有拍攝的照片，這對於喜愛照相的新人來說無疑是最大的優點。

　　只是雖然自助婚紗擁有這麼多的特點，但其實衡量權還是在新人身上。如果想要省麻煩，選擇了全包的方案，那麼花費就不見得比婚紗公司來的便宜；另外，既然強調個人特色，那麼新人自然也要多花一點時間去籌劃與討論，對於忙碌的上班族來說多少也是個甜蜜的負荷。

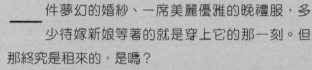

讓婚紗佔有你的衣櫃

件夢幻的婚紗、一席美麗優雅的晚禮服，多少待嫁新娘等著的就是穿上它的那一刻。但那終究是租來的，是嗎？

其實，你是可以擁有它的！不少人覺得，訂做的婚紗或禮服一輩子或也就穿那麼一次，而價格更可能不怎麼親切。但一套全新的白紗租借大約 3,000 ～ 10,000 不等，購買價格則大約 6,000 ～ 40,000 元；而若直接購買二手婚紗的話，其實可以買到 1.5 ～ 3 折左右的價位。換算一下，你將會訝異，原來擁有一件婚紗其實一點都不難。

晚禮服的價格大約是白紗 6 ～ 8 折的價格，不僅較為便宜，同時也能適應各種不同的場合。因此，也有不少新娘在結婚後便愛上了晚禮服的優雅，衣櫃裡逐漸被美麗所填滿。即使婚禮已經結束，晚禮服仍能在不少宴會場合中成為你最佳的秘密武器。

新人彩妝重點小叮嚀

新人是婚禮當天眾人目光的焦點,適當的彩妝不但能襯托出新人愉悅幸福的心情,更是讓婚禮留下完美身影的必要工具。

不論是邀請朋友擔任自己婚禮的化妝師,或是聘請專業的新娘秘書,若能稍微懂得這些彩妝重點,都能幫助自己與化妝師有效溝通,輕鬆實現完美妝容。

♥ 新郎

新郎也是需要彩妝的!依新郎的膚質與膚色,適時的補上粉底,可以讓臉色看起來更為精神,但要小心不宜過白。

眉毛及鬍子皆為男性特徵的表現,只要簡單拔除多餘雜毛,過淡處稍微補上眉粉,最後再梳理整齊即可。若新郎的唇部較乾有脫皮現象,則適時補上唇部保養用品。

♥ 新娘

在婚禮的前一週,新娘應儘量讓自己保持在最佳狀態,保持心情愉悅、適度的伸展運動、聽些舒緩放鬆的音樂、並少吃油炸或重口味的食物(可以減少水腫與皮脂阻塞),盡量讓自己在晚上 11 點前就寢。身體的毒素排掉了,自然就能變得清爽美麗。

日妝

由於結婚當天要維持一天的妝,因此第一個妝前的「保養」可是最重要的部分。每位新娘的膚質狀況不同,依照新娘的情況使用安瓶、精華液、乳液,搭配

一些簡單的淋巴按摩，讓肌膚甦醒並且維持保溼，上妝後不僅看起來比較自然，妝也不容易浮出。此時的重點以淡雅、粉嫩為表達重點，眼妝色系以淺色為主。

晚宴

若早上已經上過妝，晚宴時就不會補太多粉底。不過依照新娘的彩妝脫落程度，有時會需要全部重新上妝。由於晚宴入場時燈光多會調暗並配和打光，若使用高亮度的飾品會有很好的視覺效果。

敬酒

敬酒時新人與賓客間會有較近距離的接觸與互動，此時新娘的每個造型角度都是眾人注目的焦點，「眼妝」也因此顯得特別重要，可以加重眼妝顏色，並搭配較顯眼的飾品，例如有垂綴的水晶手飾。

另一重點則是「口紅」。即使用了不脫妝口紅，仍是有萬一發生的可能。為避免口紅脫落，平日就要注意好嘴唇的保溼。在上妝前可以先薄薄打上蜜粉，上完唇彩後再加上一點混合粉狀眼影的唇蜜，這樣便能增加口紅的色澤與維持度。

送客

為了避免客人等待過久，送客的妝容多以簡單俐落、方便造型為主。另外由於送客會與賓客親密接觸，建議新娘可以嘗試前衛鮮明的時尚設計，可以讓親友留下深刻的印象。此時搭配的彩妝色系會較重，可考慮金、黃、銀、銅、紅、與亮片等炫亮突出的造型。

會場佈置 自己動手來

一場玩美婚禮，自然不可缺少符合主題的場地佈置。雖然一般婚宴會場本就有提供這方面的服務，甚至也可尋找場佈公司或是花店協助規劃。但婚宴會場的免費佈置通常無法指定款式，而且很容易因當天婚宴場數的多寡而影響到品質的好壞；至於花店或是場佈公司的精心設計，有時候卻又超出新人的預算。因此，若能事先瞭解幾個佈置重點，就可與親朋好友規劃一場屬於自己的玩美婚宴！

♥ 佈置的基礎

佈置的基礎，是「紗」。現在一般常用的是珍珠紗。舉凡收禮桌拉紗、紗球花、椅背花、甚至舞台邊緣的設計，只要覆上一層薄紗，瞬間就能增添浪漫的愛情氣息，佈置的工作也可說是完成了大半。至於顏色則依照新人的喜好或主題而變，但建議購買時多準備幾種常用的顏色——例如：酒紅、香檳金、粉紅、粉紫等，這樣在佈置上就能多一點變化的空間。

♥ 氣氛的營造

第二個重點是蠟燭與燭台。幽微的火光能將佈置映襯出溫馨的氣氛，而且燭台本身通常就是一個絕佳的佈置小物。若是不想另外再去籌備燭台，高矮不一的透明餐杯、

紅酒杯、香檳杯，都是非常優雅漂亮的燭台喔。而蠟燭除了好用的白色浮水蠟燭外，不少造型蠟燭都是兼具實用與裝飾性的好選擇。

♥ 好用的婚禮小物

　　最後是各式各樣的婚禮小物，例如漂亮的謝卡夾，簡單卻又極具設計感，可以快速的佈置好眾人最在乎的美麗謝卡。其他諸如珠鍊、造型簽名筆、喜糖籃、玻璃沙、貝殼、動物玩偶、藤蔓花飾……等，一切皆隨著新人的喜好發揮。但要切記，有些東西最好用別針固定在桌巾或是紗幔上，因為婚禮當日人來人往，一不注意很可能就不見了。

　　而這些婚禮小物在這網路發達的時代，其實可以很輕鬆的就在網路上找到店家購買。或者，你也可以跑一趟永樂市場一帶，逛逛布市和附近的婚禮飾品店也是一種獨有的樂趣喔。

花語透漏的幸福密碼

芬芳的氣息、多變而柔美的姿態,美麗的花朵通常在婚禮中是不可缺少的點綴。但你知道各種婚禮中常用花朵的含意嗎?就讓我們來告訴你吧。

♥ 玫瑰

婚禮中最常見花朵就是紅玫瑰,象徵著最真摯的感情,是愛情的最佳代言人,又有「花中皇后」的美稱。一般婚禮用的紅玫瑰品種要求花大、形美、鮮豔、花瓣厚實,如沙烏阿拉伯的烏丹玫瑰與英國的紅玫瑰等。

玫瑰的顏色繁多,在配色上是很好使用的花朵。紅玫瑰代表熾熱的愛情;粉紅玫瑰代表感動與愛的宣言;白玫瑰寓意純潔與尊敬;香檳玫瑰表示我只鍾情於你;綠玫瑰則有簡樸純實青春永駐的意思。至於玫瑰花苞暗喻永恆的青春與美麗。

♥ 百合

百合是歷史悠久的婚禮用花。在東方禮俗中,百合象徵著母愛與百年好合,是傳統的吉祥花卉;在西方文化上,不論是希臘羅馬時代、還是基督文化、或是從中古世紀以來,百合一直都象徵著純潔的靈魂與女性的柔美。因此,顏色鮮豔味道濃郁的百合通常是婚禮中常見的花卉之一。

♥ 康乃馨

康乃馨寓意著溫馨的愛。隨著顏色的不同，多涵蓋著另一層意義：大紅色代表深深的愛與關懷；桃紅色象徵不求代價的愛；淺紅色代表尊敬；白色是純潔的愛與幸運；粉紅則象徵著不朽的母愛與包容。一般多用於新娘捧花、胸花、花籃、花車與新房等等。

♥ 鬱金香

鬱金香是愛的告白與永恆的祝福。紅色表徵愛的宣示；粉紅寓意著愛惜與幸福；黃色代表愛情的降臨；白色象徵純潔的愛情；紫色則帶來無盡的愛。

顏色多變而鮮豔的鬱金香，用來作為場地佈置或是婚宴中場的進場花束，都是美麗大方而又不失優雅的絕佳選擇。

♥ 蝴蝶蘭

蝴蝶蘭貌似蝴蝶，優雅的外表下隱含著情人間不變的愛戀之意。是新娘的捧花、頭飾、胸花等的合適選擇。

♥ 扶郎花（非洲菊）

除了象徵不畏艱辛的毅力外，尚有取自花名之意：相敬相愛、相扶相持、永結同心。

除了上述花朵之外，還有不少做來陪襯的花朵，例如：向日葵（愛慕的光輝）、桔梗（永恆的愛）、繡球花（幸福美滿）、糖棉（可愛與輕鬆）、石竹（熱情與愛慕）、滿天星（衷心的喜悅）、情人草（浪漫）、勿忘我（濃情蜜意）……等，都是既可愛又富有寓意。不過由於有些品種的花較容易枯萎，最好先向花店確認以避免這種狀況。

婚禮主持控場小技巧

婚禮主持是一門學問，但一來因為有的婚宴公司並不包含這項服務；二來也有些新人希望主持人能由自己的親友擔任，認為這樣會較容易掌握氣氛。因此，在此略述幾個婚禮主持的小技巧僅供參考。

♥ 「簡單」是最好的方式

不少新手主持為了要替新人籌辦一場風風光光的婚禮，常會設想了太複雜的進場方式與中場的小遊戲，卻忽略了婚禮的本質，是為了讓新人宣告愛的喜訊。換言之，簡單隆重的婚禮，才是最能表達這種溫馨而浪漫的氛圍，讓慢慢醞釀的情緒感染現場所有的來賓。

♥ 「兩次進場」是最佳的時間安排

同樣的，婚禮的流程安排上，也應該避免過多的進場與遊戲安排，讓新人趕場似的忙暈了頭，卻無從感受到婚禮的喜悅。兩次的進場既可以讓新人悠閒的和來賓玩一場小遊戲或拋個捧花，也可以讓新人有更多的時間與親友敬酒互動。不但能夠減輕婚禮主持的負擔，也可以讓新人真正輕鬆的享受自己的婚禮。

至於流程安排上，建議新人可以在第二次進場時以發小禮物的方式稍微環繞現場，因為這套禮服通常為了敬酒而會選擇較為輕鬆好走的樣式，所以一般安排上會讓第二次進場的流程較為活潑。

♥ 「時間」掌控與人員配合

　　婚禮是一場眾人參與的盛宴，賓客的時間、新人的時間、工作人員的時間，彼此之間的配合往往是婚禮流暢與否的關鍵。沒有婚禮經驗的主持新手其實非常需要婚宴會場人員的協助才能掌控全局。也因此婚禮開始前，最好先跟當天的婚宴場控、音控、以及主桌人員打聲招呼，請他們稍微提醒一下各個關鍵的時間點與上菜速度的配合。

Chapter 5
攜手走過愛的旅程

隨著婚禮的腳步慢慢靠近，你是否漸漸感到一絲絲
的緊張呢？這個時候，緩緩牽起他的手吧！婚禮是
一趟愛的旅程，有許多未知等待著你們攜手面對，
只要擁有彼此，又有什麼值得懼怕呢。有了愛，一
切不難。

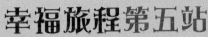

幸福旅程第五站
了解結婚的禮俗與流程

特定的節日慶典，通常會隨著每個地方的不同，而有著各自的傳統習俗。婚禮這樣的人生大事當然更不例外。為了希望兩人白首到老、幸福美滿，長輩總不忘提醒新人要遵守許多傳統習俗，從提親、訂婚、迎娶、歸寧等，當中都有不少禮俗。雖然看似繁瑣，要準備的東西更是不少，但若是能夠多多了解這些習俗，就能儘量避免觸碰到當中的禁忌，而在籌備與進行的過程當中，也會發現到這些傳統禮俗的涵義可是非常有意思的。

由於不同的文化背景，各地的儀式和習俗也會有所出入，因此這裡所介紹的，是一般的通俗儀式，提供給各位新人們作為參考，不過希望大家都能記得，這些禮俗的本意，都是為了讓兩人的婚姻長長久久、甜蜜幸福。因此當各自在某些儀式上意見有所分歧時，千萬不要為了堅持己見而傷了感情，彼此的心意更勝於表面上的形式，懂得相互尊重對方的信仰與文化才是最重要的。

印象加分的提親禮俗

當男女雙方的感情非常穩定，並且認定對方就是相伴此生的牽手時，就進入了提親的階段。依照傳統習俗，提親是由男方與其家長正式前往女方家表達想迎娶女方的意願，並且在徵得對方同意之後，進一步討論有關婚事的籌備等細節。

♥ 印象加分的提親禮俗

🎗 事先告知

男方在跟父母前往女方家提親前，不妨先邀請女方家長吃頓飯，禮貌地告訴他們，你們打算結婚的消息，在得到女方家長的允許之後，再約定正式上門提親的日子，讓雙方的家長都有了事前的心理準備，便會使得提親更加順利。

🎗 做好準備功課

提親時所要討論的事項很多，為了能夠順利達成共識，男女雙方扮演好居中協調的角色是很重要的，因此小倆口應做的準備功課就是：彼此先建立起默契，再把這些想法明確地和自己的父母事先做溝通，也能同時了解到長輩們的看法，這樣在提親時的討論，才不致於出現太大的分歧或是摩擦。

Chapter 1│當幸福來敲門

Chapter 2│畫出未來的藍圖

Chapter 3│最甜蜜的課題

Chapter 4│兩人四手打造專屬婚禮

Chapter 5│攜手走過愛的饗宴

Chapter 6│我‧愛‧你

3 POINT

🌼 見面時的互動

由於是男方前來提親，因此要儘量表現的主動積極，適時提出討論問題與徵求女方意見，如果男方家長的口才並不好，或是對於相關禮俗不甚了解，不妨找個有經驗的協調人來扮演媒人的角色，能讓彼此之間的氣氛變得更加熱絡。

4 POINT

🌼 提親時的討論事項

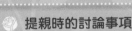

在提親的時候，雙方應將各自的禮俗與要求表達清楚，並且透過溝通達成一致的協定，像是女方在訂婚時有些什麼樣的禮俗、聘金與聘禮的要求、婚期是否由男方在合過兩人的八字後再做決定、婚宴的形式與場地等……都是應進行討論的事項，而且最好在做出決定之後，不要再輕易更改。籌備婚禮時，最怕發生的就是討論時沒有任何意見，但是在過程當中，卻出現很多想法跟要求，這樣會很容易造成雙方的困擾及爭執。

♥ 提親應注意的事項

男方

準時赴約

守時是給人良好印象的首要條件，尤其是在如此重要的日子，如果真的因為某些意外事故而遲到，一定要事前先以電話通知，並且表達你的歉意，千萬不要讓對方家長有不被尊重的感覺。

服裝儀容整齊乾淨

千萬不要忽略了外在的形象，尤其是與長輩見面時，穿著和打扮除了乾淨之外，也要穩重得宜，即使你覺得自己是個走在時代尖端的新新人類，也要顧及到長輩們的看法，太過標新立異或是完全不注意形象，可是會讓對方家長對你的印象大打折扣的。

準備見面禮

帶著兩串蕉空手登門拜訪可是很失禮的，花點心思選擇一件小禮物，不但是一種禮貌，也會讓對方家長感覺到你的細心與用心，才能更放心把女兒的終生幸福交給你。

女方

打扮端莊得宜

略施脂粉能夠讓妳的氣色看起來更好，但千萬不要裝扮過了頭，太過華麗的服飾或是濃妝艷抹，可能反而會讓長輩對妳產生負面的評價。簡單乾淨才能展現妳儉樸單純的優點。

服裝儀容整齊乾淨

記得時常保持甜美的微笑，能讓對方更加有好感，即使是在這種令妳感覺緊張的正式場合時，若總是緊抿著嘴，或是保持一張嚴肅刻板的臉，很容易讓人誤會妳是個不易相處的女生喔！

準備見面禮

通常提親時，都是在女方的家中，因此最好事先將家裡收拾、打掃乾淨，而在討論如何籌備婚禮的時候，由於有許多的細節需要溝通，聽起來嘈雜的電視、音響最好通通關掉，以免影響情緒的波動，儘量創造一個令人感到寧靜舒適的空間。

面面俱到的訂婚禮俗

訂婚的禮俗通常是由女方來決定的,因此應該尊重女方的意見,遵照女方家的地方習俗來舉行。傳統的訂婚儀式會在女方家進行,而之後的訂婚宴席主要也是邀請女方的親朋戚友參加,直到宴席結束,整個訂婚儀式便算完成。

♥ 面面俱到的訂婚禮俗

POINT 1

🌹 出發前的祭祖儀式

男方在訂婚當天,先上香祭告祖先並拜天公,祈求婚姻幸福美滿,之後再出發前往女方家。

POINT 2

🌹 抵達時鳴砲示意

出發前與抵達女方家前一百公尺時,男方會先鳴放鞭炮,而女方家聽到鞭炮聲時,也要放鞭炮回應。當新郎要下車時,由女方家的晚輩幫新郎開車門,並且端水給新郎洗手洗臉(目前端水洗手的禮俗多半已經省略),此時新郎會以紅包答謝。之後男方將聘禮交給女方父母,女方需給搬聘禮的人員紅包。之後由媒人介紹雙方親人相互認識,彼此寒暄問好,並說些吉祥祝福的話。

3 POINT

🌹 新娘向男方奉茶

祭祖儀式結束，請男方人員（6 位或 12 位，有時包含一位小男童，代表早生貴子）依輩份入座，新郎則坐在最後，新娘則由媒人或一位好命的婦人陪同，一一奉甜茶給男方親友，媒人同時在旁說些吉祥話。

4 POINT

🌹 男方回敬女方紅包

當男方親友一一喝完甜茶後，女方的親屬才會進入屋內請新娘端著茶盤出來收杯子，男方親友此時應將事先準備好的紅包，用茶杯壓在茶盤上或捲入杯中，交給新娘（也就是「壓茶甌」）。回房後，媒人可以將新郎的紅包藏在新娘的胸口，取其帶「一點紅」之涵意。

5 POINT

🌹 新人交換戒指

掛手指的儀式時間，通常都會事先看過時辰，一般都是分為 9 ～ 11 時或 11 ～ 13 時。較傳統的習俗是：新娘必須在媒人的陪同之下，面向屋外坐在客廳中央的高椅上，雙腳踩在小圓凳上，而此時，新郎將繫有紅線的金、銅婚戒（現在也有人將銅戒換成訂婚鑽戒），戴在新娘右手中指，代表夫婦同體同心之意，接著則由新娘為新郎帶上戒指。在彼此互戴戒指的時候，通常都會上演一部戲碼，就是新娘的手指微彎，不讓對方將戒指套到底，象徵避免日後被吃定的意思。最後再由新郎的母親為新娘戴上項鍊、手鐲、耳環等見面禮，並由新娘的母親為新郎掛上金項鍊。

雙方改換稱呼

6 POINT

交換訂婚戒指後，女方家燃放炮竹慶賀，之後媒人引導雙方改換稱呼，先由準新郎一一稱呼女方家屬，再由準新娘稱呼男方家屬。

 進行新人祭祖儀式

7 POINT

請女方邀請一位福壽雙全的長輩（通常為舅舅），來為新人進行點燭燃香等祭祖以及女方傳統婚嫁的儀式，以表示祝福新人能擁有圓滿幸福的婚姻。香插入香爐時切忌重插，避其重婚的涵意。另外，男方記得要準備一份點燭禮紅包給女方長輩。

 女方收下聘禮及回禮給男方

8 POINT

最後請女方父母及新人祭拜祖先，以向先人稟告其婚事，並將男方送來的聘禮退回一部分，再加上頭尾禮、金飾等共六或十二件禮物。儀式進行至此算是告一段落，最後可以準備雞腿紮紅紙和紅包送給參與奉茶的小男童，代表準新娘從此成為夫家的一員，將會從大到小盡心照料。

9
POINT

🌸 **舉行訂婚宴**

女方設宴款待參加訂婚禮俗的雙方親友及媒人。在喜宴沒有結束前，男方要準備壓桌紅包給女方，並且先行離席，也不能向女方說再見。這些舉動除了有不要吃盡女方的涵意外，也有避免下聘之事再來一次的寓意。

10
POINT

🌸 **訂婚禮俗結束**

男方回家之後，由父母或長輩陪同焚香祝禱，稟告祖先及神明已完成行聘納采禮節之事。

💗 **交換戒指的小知識**

帶戒指是戴中指、無名指、左手還是右手，其實眾說紛紜。不過較為一般的說法，中式傳統是戴在中指，男左女右；西式的作法則是統一戴在左手的無名指（因為最貼近心臟）。

但實際上要如何做，並無定見。總之只要能依照長輩或媒婆的指示，順利完成儀式，那就會是最好的方式了。

♥ 訂婚應注意的事項

男方

男方前往下聘的人數與禮車應為雙數

雙數有著雙雙對對的吉祥涵義，因此不論是人數或是車數，都要為雙數，除了避開 4 或 8 的數目。

備齊訂婚所需物品

1. 一般為六禮或是十二禮，或是現代也有人直接以六或十二個紅包取代。

2. 聘金，又分為大聘及小聘。一般來說，大聘是給男方「做面子」的，在進行訂婚儀式時讓女方親友看，之後再退還給男方；而小聘則是送女方添購嫁妝或是購買回送男方禮物時用的。聘金的金額同樣是要雙數。

3. 舉行儀式所需的物品，例如鞭炮、紅包、壓桌錢等……。

準時抵達女方家

訂婚儀式多半選擇在良辰吉時舉行，因此千萬不可遲到，除了出發前必須熟知交通路線之外，還要預計抵達所需時間，其中也要包括塞車所耗費的時間。

女方

充足的睡眠與休息

一整天的訂婚儀式是非常累人的，不但沒有辦法飽餐一頓，就連休息的時間都沒有，因此必須要有充足的精神，再加上一頓豐富營養的早餐，才能夠應付這辛苦卻很重要的一天。

備齊訂婚所需的物品

1. 回贈給新郎的六件或十二件禮品。

2. 舉行儀式所需的物品，例如香燭、甜茶、點心、紅包等……。

熟知訂婚儀式的流程

熟悉訂婚的流程，才能讓儀式在預定的時間內順利完成。此外，有些特別的習俗，例如當對方為自己套上訂婚戒指時，家長都會交代要將手指彎曲，不要被套到底，以免婚後被對方給吃定等，雖然只是一項習俗，但卻成為訂婚儀式當中最耐人尋味的重頭戲之一。

風光喜氣的迎親禮俗

迎親的禮俗，是將準新娘從女方家迎娶回來，並且在男方家舉行過門的儀式，因此相關的禮俗就以男方家為主，其過程和訂婚時大同小異，因此現今也有許多人已將訂婚和結婚儀式合併舉行，省去了不少時間、人力及開銷。

♥ 風光喜氣的迎親禮俗

POINT 1

🌹 進行「安床」儀式

在迎親之日到來前，有個很重要習俗稱之為「安床」，就是選擇一個適合安床的吉時，將新房的床安置在益於新人的正位，之後請一個生肖屬龍的小男孩在床上翻翻跳跳，以代表「早生貴子」的祝福之意。

POINT 2

🌹 出發前的祭祖儀式

迎親當天，新郎在出發前，先舉行拜天公、祭祖儀式，以告知列祖列宗，即將迎娶媳婦過門。

3 POINT

🌹 抵達時鳴砲示意

當男方出發時與抵達女方家前，男方會先鳴放鞭炮，而女方家聽到鞭炮聲時，也要放鞭炮回應，以表示歡迎之意。

4 POINT

🌹 迎接新郎

由女方家一位晚輩為新郎開車門，請新郎下車，此時新郎會以紅包答謝。

5 POINT

🌹 喝甜茶

在男方吃過女方家準備的湯圓、甜茶之後，新郎將捧花交給新娘，接著兩人一同祭拜女方家的祖先，並向女方父母叩別。

6 POINT

🌹 拜別父母

祭祖儀式結束後，由媒人或一位有福氣的長輩，拿竹篩或黑傘遮擋新娘頭頂，表避邪之意，將新娘送入禮車。

7 POINT

🌹 **準備出發**

女方將根部掛上豬肉及紅包的青竹及甘蔗交給男方接嫁人員，用以繫於禮車車頂，禮車後方則蓋上一個八卦竹篩，以驅除沿途的不祥之物。

8 POINT

🌹 **事先告知**

當迎親車隊緩緩離開時，女方家長將一瓢水潑出，提醒新人對婚姻不要有所後悔或回頭之意，而新娘則要將一把用紅紙紮起的扇子丟出車窗外，表示留「善」給娘家，同時也有著與娘家「感情不散」之意。

9 POINT

🌼 **鳴砲示意**

禮車抵達男方家門前，同樣要鳴放鞭炮告知男方親友，而男方家也會以鞭炮聲回應，表示歡迎。

🌸 迎接新人

POINT 10

由一位拿著橘子（表示吉利之意）的男方晚輩為新娘打開車門，新娘並給以紅包表示謝意。新娘在下車時，同樣要由媒人或是一位有福氣的長輩，拿竹篩或黑傘遮擋新娘的頭頂，直到進入屋內。

🌸 過火破煞

POINT 11

新人進門後，先進行踩瓦片或是過火爐的儀式，有著驅邪迎新的涵義。

🌸 拜堂成親

POINT 12

在進行完一拜天地、二拜高堂、夫妻交拜等禮俗之後，新郎新娘就可進入洞房。

13
POINT

🌹 喝交杯酒

由新郎為新娘揭開頭紗，並且喝下交杯酒、甜湯，象徵兩人從此永結同心、甜甜蜜蜜。之後新娘可在新房內稍做休息，而新郎則到客廳招待賓客，為接下來的婚宴做準備。

14
POINT

🌹 舉行婚宴

婚宴在舉行過觀禮儀式後正式開席。席間，新人會逐一向賓客們敬酒，並且接受大家的祝福。

15
POINT

🌹 新人送客

喜宴結束時，新郎新娘會在門口以香煙、喜糖送客，感謝賓客的光臨。

16
POINT

🌹 鬧洞房

與新人們熟識的親朋好友，會前往新房「鬧洞房」，以增添新婚的喜氣。至此，迎親儀式終於圓滿結束。

♥ 迎親應注意的事項

男方

隨時注意時間的掌控
婚禮中的儀式都會在吉時進行，因此準時非常重要。此外，喜宴最好能準時開始，讓賓客挨餓枯等可是一件很不禮貌的事喔！

備妥所需用品
事前先將所需物品列張清單，才不至於在慌亂之中落東落西，可別讓婚禮當天，連結婚戒指都忘了帶的糗事發生在你們身上。

迎親車隊不可以倒車方式離開女方家
若女方家的進出口只有一個，新郎下車後，要先將車頭調向出口，且回程的路線最好和來時不同，因為在某些習俗中忌諱走回頭路。

女方

貴重物品交由專人保管
結婚當天，新娘不免會配戴許多貴重的首飾或物品，最好請伴娘或是身旁的人幫忙留意及保管，免得在繁複的儀式或換裝時弄丟了。

讓自己保持最佳狀態
要在結婚當天做個最美麗的新娘，之前別忘了積極保養肌膚，再加上充足的睡眠和保持愉快輕鬆的心情喔！

備妥私人所需用品
傳統習俗在婚禮當天，已過門的新娘是不可立刻回娘家的，因此千萬別忘了準備好幾套隨身的換洗衣物，以及一些平日所需用品。

不失禮儀的歸寧禮俗

寧—就是新娘出嫁之後，第一次回家探望父母的一種禮俗，又有人稱之為「回門」、「頭轉客」、「返外家」等。根據不同的地方習俗，歸寧的時間也有所不同，通常為次日或是三天後，由娘家的弟妹來接新郎新娘一同回去，以表達不忘父母的養育之恩。

♥ 歸寧禮俗

1
POINT

🌹 **接新人返家**
由於歸寧需當日返家，所以通常在歸寧日的上午，新娘的弟妹就會前來迎接新人們回到娘家住所。

2
POINT

🌹 **互贈禮物**
歸寧時，新人必須準備帶有吉祥之意的水果，例如蘋果（平安甜蜜）、椪柑（表示新娘會懷孕），以及酒等禮品送給女方家長。

3
POINT

🌹 **女方回禮**
女方家人同樣也應會回贈小兩口帶有吉祥之意的物品給新人帶回去。像是米糕、蜜餞、甘蔗……等（代表新人會甜蜜蜜、透頭透尾）。

Chapter 1 | 當幸福來敲門
Chapter 2 | 畫出未來的藍圖
Chapter 3 | 最甜蜜的課題
Chapter 4 | 兩人四手打造專屬婚禮
Chapter 5 | 攜手走過愛的饗宴
Chapter 6 | 我・愛・你

🌹 舉行歸寧宴

祭拜過祖先之後，新人與女方直系親屬共同聚餐，也稱「歸寧宴」。不過現代的習俗有所更改，像是有些人於訂婚日宴客之後，歸寧時就不再另行宴客，或是並未舉行訂婚宴，等到歸寧之日再邀請女方親屬參加喜宴。

4 POINT

🌹 回返家中

由於以前的傳統習俗認為新婚未滿四個月不宜在外過夜，所以在歸寧宴結束後，新郎新娘就必須在日落前回返男方家。

5 POINT

♥ 歸寧應注意的事項

男方

🎁 新郎準備的禮品應為偶數
歸寧時一般準備的禮品為橘子（象徵大吉大利）、蘋果（象徵甜甜蜜蜜）、椪餅或椪柑（象徵新娘肚皮會漲大懷孕）等具有各種吉祥好運的東西，而且禮品的種類要為偶數。

🎁 歸寧當天不能在娘家過夜
由於傳統習俗相信，剛結婚的新人回娘家作客要在太陽下山之前回來，這樣才會生男孩，因此有歸寧當天不能在娘家過夜一說。

女方

🎁 由新娘弟妹迎接新人回家
由於歸寧之日，新人必須在日落前離開娘家，因此新娘的弟妹通常都會一早去接新人，以把握相聚的時間。

🎁 準備具有吉祥涵義的回禮
在收到新郎準備的拜訪禮品後，女方家當然也要回贈才不失禮數。一般女方會準備的回禮物品為：兩枝有根葉的甘蔗（祝福新人甜甜蜜蜜、有頭有尾）、米糕（希望兩人如膠似漆）等…

 # 甜蜜浪漫的婚典流程

婚禮當天，由於不同的民俗傳統以及宗教信仰，大致可分為幾種不同的婚典
流程。一般而言，婚宴會場人員或是教內親長都能提供諮詢，並與新人排
定相關的進程。如若能事先瞭解這些事宜，相信就能更輕鬆的面對婚禮中的諸多
細節。

♥ 傳統婚禮

1. 結婚典禮開始。

2. 新人進場。（依序為儐相、花童、新郎、新娘與父親）

3. 主婚人、介紹人、證婚人就位。

4. 證婚人宣讀結婚證書。

5. 新郎、新娘、介紹人、主婚人、證婚人依序用印。

6. 新人交換信物。

7. 新人相對行結婚禮三鞠躬。

8. 證婚人致賀詞並授給結婚證書。

9. 介紹人暨來賓致賀詞，主婚人致謝詞。

10. 雙方主婚人領新人相證婚人、介紹人致謝，證婚人、介紹人入席。

11. 新人謝主婚人，主婚人入席。

12. 新人謝來賓。入席，禮成。

♥ 佛化婚禮：

1. 佛化婚禮，婚禮開始。

2. 主婚人、介紹人、證婚人禮佛入席。（擊鼓）

3. 新人禮佛入席。

4. 全體請起立，合掌唱香讚。

5. 全體請坐下。

6. 證婚人為新人宣誓。

7. 新人行結婚禮。（相對站立，揭面紗，交拜三鞠躬，復位）

8. 證婚人宣讀結婚證書

9. 新人用印，主婚人、介紹人、證婚人用印。

10. 證婚人為新郎、新娘交換信物。

11. 新郎新娘向主婚人行敘見禮。（向男方主婚人一鞠躬，向女方主婚人一鞠躬）

12. 新郎新娘向親屬行敘見禮。

13. 恭請法師開示。

14. 介紹人暨來賓致賀詞，主婚人致謝詞。

15. 新人向證婚人禮謝、向介紹人禮謝。

16. 新人向來賓禮謝。

17. 新人向主婚人禮謝。

18. 唱佛化婚禮祝福歌，禮成。

♥ 教堂婚禮

1. 新郎及伴郎在牧師或神父陪同下，從聖壇旁的房間進入會場走至聖壇。

2. 奏樂，親友點蠟燭儀式。

3. 牧師或神父領唱詩班進場，宣召婚禮開始，全體來賓起立。

4. 花童、伴娘陸續進場。

5. 新娘由女方家長（一般是父親）陪同進場。（全體起立）

6. 女方家長入席，全體來賓入座。

7. 唱詩班吟唱聖歌。（或與婚姻相關的歌曲）

8. 牧師或神父詢問在坐來賓有否反對這場婚禮。

9. 禱告、獻詩，與證婚。

10. 新郎、新娘、主婚人、介紹人、證婚人用印

11. 新人在神及來賓面前，宣誓：「願結為夫婦，不論疾病窮困，永結同心。」

12. 新人互戴戒指。

13. 新郎揭開頭紗，並親吻新娘。

13. 獻詩與祝福的話語。

14. 謝恩。（向雙方家長獻花或行禮，並向來賓致謝）

15. 禮成。

16. 拋捧花。

歡樂滿屋的吉祥佳話

浪漫時光，若再加上幾句甜言蜜語就能更添美滿。婚禮中吉祥話是絕對少不了的，舉凡紅包、喜帖，還是訂婚、結婚禮俗中的親友祝賀，又或者是婚禮當天的嘉賓賀詞。幾句吉祥話，便能渲染婚禮的浪漫氛圍，讓身邊的人都一起感染這份甜蜜吧。

♥ 甜蜜小語

訂婚：

文定吉祥・白首成約・成家之始・姻緣相配・終身之盟・許訂終身
喜締鴛鴦・盟結良緣・誓約同心・締結良緣・緣訂三生・鴛鴦瑩合

結婚：

化始二南・天緣巧合・夫唱婦隨・永在愛中・玉樹良枝・白頭偕老
亦繩繫足・同德同心・百年琴瑟・並蒂長生・佳偶密月・宜爾室家
花好月圓・花開並蒂・金石同心・書稱鳌降・神仙眷屬・情投意合
情聯碧合・甜蜜的愛・笙磬同音・琴瑟和鳴・愛之永恆・福祿鴛鴦
鳳凰于飛・蓮花並蒂・錦繡龍鳳・舉案齊眉・藍田種玉・關雎誌喜
鐘鼓樂之・麟趾呈祥・

歸寧：

于歸誌喜・之子于歸・百兩御之・妙選東床・乘龍快婿・淑女丁歸
跨鳳乘龍・鳳卜歸昌・適擇佳婿・燕燕于飛

♥ 佳語順口溜

訂婚儀式

- 新娘坐乎正，才會得人疼。

- 茶盤金金，茶甌深深；新郎新娘，那不相吻，此杯甜茶，我不敢飲。

- 手捧甜茶講四句，新娘好命蔭丈夫；奉敬家官有上取，田園建置千萬區。

- 甜茶相請真尊敬，郎才女貌天生成；夫家和好財子盛，恭賀富貴萬年興。

- 新娘生靚看現現，夫妻一對好姻緣；食茶恭賀四句聯，丁財福壽萬萬年。

- 新郎英俊像小生，新娘生美似花互；今年來請食甜茶，明年抱孝生相看。

- 新娘真美真好命，內家外家好名聲；吉日甜茶來相請，恭賀金銀滿大廳。

婚禮宴客

- 酒喝落喉，乎你庇蔭好後頭。

- 大家吃乎飽，生子就會乖巧。

- 新娘喝一杯茶，明年生雙個。

- 酒菜大嘴吞，乎小姐嫁好郎君。

- 大家愛用菜，新娘嫁著好翁婿。

- 敬你一杯酒，乎你娶到好牽手。

- 酒杯圓圓圓，乎你富貴萬萬年。

- 茶杯深深深，乎你尪某會同心。

- 酒菜香香香，今年一定好年冬。

- 新郎新娘站正正，卡會得人疼。

- 酒杯捧高高，
  子孫中狀元若無嘛立法委員。

- 新娘頭累累，
  將來一定友孝大家乾伊二個。

- 兩姓來合婚，日日有錢春；
  給你翁孤官，雙手抱雙孫。

- 新娘娶到厝，家財年年富；
  今年娶媳婦，明年起大厝。

的婚嫁禁忌

於傳統的習俗，一般人都保持著寧可信其有的心態，尤其是老一輩的長者，也許不一定有所根據，但其實只要不過於迷信，儘量避開這些讓人不愉快的事，減少爭執與衝突，自然就會讓婚禮更加順利美滿。

- 婚嫁忌生肖屬虎的觀禮，免得因此導致夫婦不和睦或不孕。

- 剛結婚的新人在新婚四個月內，最好不要參加其他人的婚喪喜慶，以免犯沖。

- 懷孕婦女避免參加婚禮、喜宴或是新婚未滿四個月的新房內，以免對雙方造成不好的影響。

- 新婚或是準新娘最好不要去探望生產完未滿四個月的婦女，以免對雙方造成不好的影響。

- 婚禮當日，新娘出門或舉行儀式禮俗時，姑嫂避免在場觀禮，因為與「孤、掃」同音，一般人認為不吉利。

- 儘量避免新娘或是禮車相遇，俗稱「喜沖喜」，但如果真的遇到了，媒人可在事先準備花作為交換，據說這種換花的禮俗能夠化解厄運。

Chapter 6
我·愛·你！

「王子與公主從此過著幸福快樂的日子～」這是童話故事中永垂不朽的一句經典名言，也是所有即將步入禮堂的新人們所希冀追求的幸福。。

幸福旅程第六站
準新郎&新娘不可不知的事

當你們幸運地找到了彼此，決定手牽著手進入婚姻的殿堂前，請原諒這殘酷的提醒：現實世界不是用夢幻所堆砌而成的華美城堡，即使是童話故事中令人羨慕的王子與公主，也是經過了許多考驗、克服了無數難關，才能夠永遠相愛相戀的。

相愛相戀不容易，相處相伴卻更難，要能夠修得這門學科，拿到永浴愛河的畢業證書，就必須學會互信、互諒、相互尊重等人生哲學。

準新娘的愛情必修課

終於決定要脫離單身生活，和真命天子共組家庭時，隨著婚期的接近，心情就像洗三溫暖一樣，從當初沉浸在戀愛之中的甜蜜、羞澀，到後來意識到自己的身分將有所不同，於是開始有些緊張、不安，再加上忙碌繁瑣的婚事，若是不懂得如何做好心態調適，一不小心，很可能就會得到準新娘的流行病——婚前恐懼症。

在即將步入禮堂前，從喜悅的心情，轉變為焦躁、憂鬱，甚至開始感到猶豫疑惑，就是婚前恐懼症的症狀。有些人在出現了負面的情緒之後，沒有適時地宣洩、處理，而是選擇一味地壓抑隱藏，到了最後關頭，甚至選擇一走了之，做個落跑新娘，這將是多麼令人傷心的結局。

因此在結婚前除了婚禮的籌備工作之外，新人們的心理準備也是不可忽略的！

以下是幾個最常見的婚前恐懼症的發生原因，以及可供參考的處理方法，千萬不要讓婚前恐懼症破壞了你的幸福喔！

♥ 發生原因：害怕婚姻是愛情的墳墓

很多女生都會擔心，結婚之後另一半會變心，對自己越來越冷淡，而面對柴米油鹽醬醋茶的居家生活，也會讓自己失去魅力，變成名符其實的黃臉婆，與其這樣，不如永遠不要結婚，便可以永遠享受甜蜜的愛情。

解決建議

婚姻生活有時確實是平凡無奇的，當兩個人天天相處在一起，少了虛幻的想像空間，少了見不到面的思念，更少了令人期待的激情，但卻多了一份對彼此的承諾與負擔，多了一種更親密踏實的感覺。

不要對婚姻有不切實際的幻想，兩人在婚前應該認真討論婚後的生活計畫，不妨去上婚前教育課程，也可以讓你們更加明白如何在婚姻生活之中維繫感情的好方法。

♥ 發生原因：在籌備婚事時諸多意見紛歧

這算是最常造成婚前恐懼症的首要原因，因為在籌備婚禮時，女生往往會有很多想法跟意見，所以希望自己會是處於主導地位，但如果兩人的協調度不夠，就很容易產生摩擦，如果這種紛爭不斷，又無法

妥善解決，最後就會讓雙方產生疏離、甚至是陌生感，因而懷疑自己是不是真的很了解對方，又或是對方是否適合自己。

解決建議

一起籌備婚禮真的是對雙方最好的默契考驗，如何理性成熟地處理其中繁雜的瑣事；當意見紛歧時，如何協調溝通取得一致的共識，兩人也可以藉著這個過程，更加了解與看清楚對方。

不要認為意見不同，就表示雙方的想法、個性不合，最重要的是學習如何去聆聽、認同彼此的想法，多點包容與尊重，即使兩人是完全不同的類型，也一樣能夠相處融洽、愉快的。

♥ 發生原因：擔心婆媳問題

結婚之後，如何扮演好媳婦的角色，絕對是多數準新娘擔心的事，尤其是平常在家習慣了接受父母的寵愛，可以自由自在過著自己喜歡的生活，如果婚後要和公婆一起居住，面對不同的生活模式，勢必會遇到許多需要適應及改變的地方，擔心自己失去自由，不能表達任何意見，照這樣的想法看起來，婚姻生活似乎還真是不那麼令人感到期待。

解決建議

　　與其一昧地自己胡亂瞎猜，在結婚之前，不妨多到男方家走走，深入了解對方的生活習慣，和對方的家人有所互動，與其抱著自己是個外人的心態，不如儘量學習讓自己融入這個家庭，真心把對方的父母也當成自己的父母一樣。如果經過多次的努力，實在覺得文化背景差異太大，一起相處確實會造成彼此的困擾，不妨坦承和另一半溝通，選擇搬到附近共組小家庭，這樣還是可以在不影響彼此的生活品質下，就近照顧父母。

準新郎的愛情必修課

婚前恐懼症不單是女人的專利，男人發生的機率同樣也很高，尤其在面對女人的敏感、善變時，男人似乎總是不知所措；而要一肩扛起日後龐大的經濟負擔，也實在讓人備感壓力。你做好讓你心愛的女人託付終生的準備了嗎？準新郎先修班，讓你預先洞悉婚後生活將可能面臨的狀況，為你們的婚姻打下堅定的基石。

♥ 婚姻認知：婚後生活將有所不同

單身漢的生活，總是可以隨心所欲安排自己閒暇之餘的時間，工作時全心全意，休閒時盡情玩樂，但結了婚之後，除了工作時的全力以赴之外，平時也絕不能忽略家庭生活，還要分擔家務，在做出重大決定的時候，都要和另一半商量。這些改變，在剛開始的時候，或許很難適應，讓人有種失去自由的感覺，但如果以正面的想法去接受它，你將會發現，每天回家之後，有個人會陪著你一起共享晚餐，一起分享每天所發生的點點滴滴，在猶豫不決時，還有人能幫你出主意，讓你能用不同的角度去看事情，這就是婚姻所帶來的幸福。

♥ 婚姻認知：經濟負擔將加重

隨著寶寶的誕生，家裡的開銷自然跟著會增加，因此財產規劃是很重要的。現實的壓力，造就了許多貧窮夫妻百事哀的例子，建議新婚夫妻、甚至是即將步入婚姻的男女，應該及早做好理財計劃，尤其是需要奉養父母以及養兒育女的人，除了日常開銷之外，還要有固定的儲蓄，以支付突如其來的費用，儘量避免養成金錢借貸的習慣。

♥ 婚姻認知：將婚姻當作事業來經營

很多男人都會有個傳統的觀念，認為有了家庭後就要開始專心拼事業，家庭交由妻子去負責就好，因而忽略了維持家庭關係的重要性。其實婚姻是人生當中最大的一筆投資，因此要將它像我們在拼事業一樣用心去經營，多花一點時間陪伴家人，和家人維持良好的溝通方式，就能夠得到用金錢也無法衡量的感情回報。正所謂一個真正成功的人士，不光是在事業上有所表現，他在與家人的感情互動上，也得到滿分的成績。

結婚時一定要懂的事

♥ 婚姻相關常識與法律 Q&A

Q：具有法律約束力的合法婚姻，有哪些構成要件？

A：每個國家對於合法的婚姻定義略有不同，不過大致上分為兩種：一種是儀式制，也就是只要完成其法定的婚禮儀式，就算是受到法律上所承認正式夫妻；而另一種則是登記制，需要到公家機關進行登記，才能真正成為夫妻。

　　而目前台灣的有效婚姻已從儀式制改為登記制，結婚當事人如果只是在法院、民間公證處辦理公證結婚，或是公開舉行婚禮宴客，都不算是有效的婚姻，必須前往戶政機關辦理結婚登記，婚姻才算有效。

Q：聽說最省時、省錢又省事的結婚方式，就是公證結婚，而符合公證結婚者的條件有哪些呢？

A：
- 男須滿十八歲，女須滿十六歲，但未滿二十歲之未成年人，須由法定代理人攜帶國民身分證及印章，一同前往辦理登記。

- 不論戶籍或居住地在何處，想要請求公證結婚的人，只要依規定提供相關證件，均可向法院公證處提出請求。不過由於並非所有的法院都有受理，最好先查過再前往預約。

- 預約登記請於上班時間向公證處預約。若結婚日為平日時請至少提前三天（扣除例假日）；結婚日為假日時，則請提早一星期前（扣除例假日）。

- 有護照及單身證明的外國人士或華僑也可申請公證結婚。

♥　公證程序完成後，結婚還沒有生效，結婚人還要攜帶公證書一份、新人雙方身分證與戶口名簿正本、一年內照片、以及雙方印章，前往其中一方戶籍所在地的戶政事務所辦理結婚登記，結婚才會生效。

Chapter 1 | 當幸福來敲門

Chapter 2 | 畫出未來的藍圖

Chapter 3 | 最甜蜜的課題

Chapter 4 | 兩人四手打造專屬婚禮

Chapter 5 | 攜手走過愛的饗宴

Chapter 6 | 我・愛・你

Q：申請公證結婚時，所需要準備的文件有哪些呢？

A：1. 結婚雙方之國民身分證正本、影印本一份及印章。

2. 二位年滿 20 歲證人的國民身分證（影印本）及印章。

3. 結婚新人為現役軍人時，須攜帶主管核發之結婚報表正本及影印本各一份。

4. 結婚新人為外籍人士或國外華僑時，需帶護照、居留證及單身證明文件等（單身證明文件必須是中文或英文，且該單身證明文件應經我國外交機關驗證。如由外國駐華領事館或授權機構出具者，應先經我國駐外館處驗證，再經我國外交部領事事務局複驗）。

5. 結婚新人為大陸人士時，提出台灣地區旅行證或許可證正影本，以及海峽交流基金會驗證之大陸公證處所發的單身公證書。

6. 結婚新人如未滿二十歲者，應得法定代理人之同意。登記時須一併攜帶法定代理人的國民身分證正本及影本（本處留存影本），以及印章。

7. 如果需要結婚證書英文本，請一併提出結婚人的英文姓名（與護照相同，並提出護照影本）及英文地址。

Picture Credits
&
Acknowledgements.

婚紗攝影

台北法國巴黎
P12、P74、P76、
P104、P159

台北曼哈頓麗緻婚禮
P4、P22、P68

西敏英國手工婚紗
P6、P18、P19、P58、P102

郭元益婚紗
P1、P9、P10、P16、
P46、P60、P130、P134

華納影城婚紗精品旗艦館&施華洛婚紗精品概念館
P14、P44、P64、
P136、P140、P160

○ 以上皆依筆劃順序排列。

自助婚紗

映画寫真
攝影工作室

P20、P21、P02、
P88、P92、P146

愛情符號

P28、P30、P31、
P34、P35、P92、
P106、P111、P113

綠葉素創意
婚禮工作室

P2、P20、P24、P29、P37、
P40、P42、P43、P48、
P52、P86、P90、P101、
P112、P120、P125、P126

○ 以上皆依筆劃順序排列。

禮服

Fiona Lai

P93

派迪紳士禮服

P23、感謝提供新郎禮服
相關訊息於 P22、P75

婚戒

I-Primo

P24、P78

點睛品

P25、P78、P115

**吳照明寶石
鑑定中心**

P25、P78、感謝提供珠
寶鑑定相關資訊於 P78

喜餅

**天鵝脖子街
有限公司**

P27

月之戀人

P27

**宏亞食品
股份有限公司**

P26

○ 以上皆依筆劃順序排列。

郭元益喜餅
P26、P27

維多利亞
婚宴喜餅
P26

婚宴會場與場地佈置

青青食尚
花園會館

P39、P84、P85

怪手巧紅
婚禮佈置

P39、P50、P98、
P99、P124、P142

轉圈圈工作室

P70、P83

○ 以上皆依筆劃順序排列。

新娘秘書與婚禮攝影

Wedding Fortune Studio

P36、P94、感謝提供
新祕相關資訊於 P96

襪子爹
攝影工作室

P85、P100、P101、
P116、P117、P128

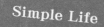

婚禮小物

Simple Life

P56、P97

幸福朵朵

P32、P40、P42、
P80、P81、P96

西敏英國手工婚紗

西敏 WEDDING GOWNS & PHOTOGRAPHY

憑券來店下訂，
即額外贈送「入來相片」6 張。

華麗手工婚紗領導品牌，台灣唯一由英國設計師為東方女孩設計的婚紗品牌。以歐洲婚紗設計師典雅的設計，使用歐洲頂級面料展現華麗高雅的貴族風格。工時高達 400 小時的水晶頭紗，讓西敏新娘成為最耀眼奪目的焦點。

Fiona Lai 婚紗禮服設計工作室
(FIONA LAI Wedding Dress)

憑券來店即可享 2000 元折扣優惠。

純手工訂製頂級新娘白紗、晚禮服、媽媽晚裝，款示高雅時尚簡約大方，帶有藝術感的高貴氣質及客製專屬的奢華感。超過 300 款全新設計款禮服。

網址：www.fiona-lai.com

華納影城婚紗精品旗艦館
&
施華洛婚紗精品概念館

華納影城 禮·紗·照·美·學
施華洛 婚紗概念名店

凡預約結婚包套，
憑券可獲「24 吋放大相片含框」乙組。

集團總規模堪稱亞洲首屈一指。融集了國際首席品牌 LA SPOSA、PRONOVIAS 以及蘇菲設計等世界級精品，為每位客戶打造幸福夢幻，「因品牌感受力而令人深覺幸福」。

派迪紳士禮服

PARTY TIME
Tuxedo. Suit. Fashion
派迪紳士禮服

專屬禮遇 Coupon NT 2000

本券提供新郎西裝之訂製或結婚宴會
禮服租賃，凡消費滿一萬送兩千。

以上兩種優惠不得同時使用，請先出示本券。
西裝訂製至少需要兩週，請提早預約。每位限抵用一張。

網址： www.partytime.com.tw　　電話：（02）2592-8399
地址：台北市中山北路二段 162 號 10 樓

映画寫真攝影工作室

映画寫真 フィルム

憑券即享「自助婚紗或婚禮紀錄服務」
折價 2000 元整。

映画寫真是由 Benson&Bunny 共同創立，以捕捉愛情故事的點滴與紀錄真實情感的流露為主旨。我們堅信，富有愛情故事的婚紗照是最具紀念意義的。如果您也認同，歡迎與我們分享您的愛情故事囉！

吳照明寶石鑑定中心

憑券可享珠寶鑑定 8 折、
寶石鑑定課程 9 折之優惠。

本中心目前經營寶石教學及珠寶鑑定服務，吳照明老師畢業於文化大學海洋研究所資源組，並擁有英國寶石學會 F.G.A.&D.G.A. 頭銜、中國珠寶玉石質量檢驗師 CGC 證照及瑞士寶石學院 Scientific Gemmology 證書。

綠葉素創意婚禮工作室

綠葉素

憑券下訂，
即贈「婚紗旅行明信片」乙組。

喜歡用真心，為你們打造幸福模樣。
幸福從自然而然展開……。

婚紗旅行 / 婚禮紀錄 / 新娘秘書
網址：http://www.greenstyle.idv.tw/wedding

月之戀人

月の恋人

歡迎預約門市專屬品鑑會，
單次消費滿 5 萬元另贈姐妹伴手禮 6 份。

月之戀人 | 中時報系 10/8—喜餅的香奈兒
製作—神保勝司、包裝－田村映二
台灣第一家手工、客製化喜餅。

網址：http://Moonlovers.com　　電話：（04）2301-4567
地址：台中市西區公益路 163-1 號

○ 以上優惠，皆以當時廠商配合活動方案為準，歡迎去電詢問。　　　　　　　　　　　○ 以上皆依筆劃順序排列。

維多利亞婚宴喜餅

憑券訂購維多利亞喜餅，滿 *2* 萬元以上
即贈小禮盒乙盒（價值 NT *260* 元／盒）

美式夢幻婚禮已經席捲全球，結婚是愛的喜事，浪漫的嘉年華！結婚禮盒小巧精緻、結婚蛋糕喜餅禮盒是美式婚禮中最重要的精神，象徵著新人分享結婚的喜悅，將結婚蛋糕送給您最愛的親友喔！

襪子爹攝影工作室

優惠二選一：*1.* 優惠折扣 *2000* 元整。
　　　　　 2. 免費製作成長過程 MV。

服務提供：全套相片及專業 Slideshow 影片檔，含光碟封面、盒裝封面設計共三套光碟。
網址：http://www.pbase.com/colin_chen
電話：0972-251616　Mail：vkncolin@gmail.com
Ps. 部分收入提撥救助流浪動物

怪手巧紅婚禮佈置

憑券兌換浪漫愛情捧花乙束。

不需要太多造假的華麗道具，那就用花來點綴你的婚禮吧！「質感.自然.簡約」是我們設計的出發點。

～與您分享～

Simple Life

憑券訂購滿 *5000* 元免運費，
滿 *1* 萬元以上再享 *95* 折優惠。

本公司專業量身打造精緻客製化禮品／贈品服務，秉持著「新穎、效率、品質、誠信」，在業界享有一定的品牌忠誠度，不僅商品精美，也是許多特約商品指定服務之禮贈品。

轉圈圈工作室

憑券贈送婚宴主題迎賓板。

轉圈圈工作室
www.wretch.cc/blog/jodie0901

幸福朵朵

1. 訂印喜帖婚卡，除原有小贈品外，
再加贈簽名筆乙枝。
2. 選購書籍中刊登的婚禮小物可享 *9* 折優惠。

由魔瓶視覺設計有限公司所創立之品牌，我們真誠地付出，為每位新人打造幸福的喜帖婚卡、婚禮小物，希望將幸福的花朵散佈到世界各個角落…。

WEDDING FORTUNE STUDIO

憑券贈送媽媽單妝乙次
（單一場次限用一張）。

精緻手工製作的配件飾品，為新人量身打造合適的專屬婚禮造型。 每一樣的飾品素材都是用心尋找，以美學的角度拼接而成獨一無二的飾品。因為「用心設計」與「合適自己」才是最美的時尚態度！

網址：http://blog.yam.com/wallisdesign　電話：0910-101184
Mail：wallischung88@hotmail.com

一生最浪漫的旅行就從這裡開始

北 區 郵 政 管 理 局
登記證北台字第 9125 號
免 貼 郵 票

大 都 會 文 化 事 業 有 限 公 司

讀 者 服 務 部　　收

11051 台 北 市 基 隆 路 一 段 432 號 4 樓 之 9

寄回這張服務卡〔免貼郵票〕
您可以：
◎不定期收到最新出版訊息
◎參加各項回饋優惠活動

大都會文化　讀者服務卡

書名：愛婚禮 一生最浪漫的旅行就從這裡開始

謝謝您選擇了這本書！期待您的支持與建議，讓我們能有更多聯繫與互動的機會。

A. 您在何時購得本書：_____年_____月_____日

B. 您在何處購得本書：_____書店，位於_____（市、縣）

C. 您從哪裡得知本書的消息：

　　1.□書店　2.□報章雜誌　3.□電台活動　4.□網路資訊

　　5.□書籤宣傳品等　6.□親友介紹　7.□書評　8.□其他

D. 您購買本書的動機：（可複選）

　　1.□對主題或內容感興趣　2.□工作需要　3.□生活需要

　　4.□自我進修　5.□內容為流行熱門話題　6.□其他

E. 您最喜歡本書的：（可複選）

　　1.□內容題材　2.□字體大小　3.□翻譯文筆　4.□封面　5.□編排方式　6.□其他

F. 您認為本書的封面：1.□非常出色　2.□普通　3.□毫不起眼　4.□其他

G. 您認為本書的編排：1.□非常出色　2.□普通　3.□毫不起眼　4.□其他

H. 您通常以哪些方式購書：（可複選）

　　1.□逛書店　2.□書展　3.□劃撥郵購　4.□團體訂購　5.□網路購書　6.□其他

I. 您希望我們出版哪類書籍：（可複選）

　　1.□旅遊　2.□流行文化　3.□生活休閒　4.□美容保養　5.□散文小品

　　6.□科學新知　7.□藝術音樂　8.□致富理財　9.□工商企管　10.□科幻推理

　　11.□史地類　12.□勵志傳記　13.□電影小說　14.□語言學習（_____語）

　　15.□幽默諧趣　16.□其他

J. 您對本書（系）的建議：

_____

K. 您對本出版社的建議：

_____

讀者小檔案

姓名：_____　性別：□男　□女　生日：____年____月____日

年齡：□20歲以下　□21～30歲　□31～40歲　□41～50歲　□51歲以上

職業：1.□學生 2.□軍公教 3.□大眾傳播 4.□服務業 5.□金融業 6.□製造業

　　　7.□資訊業 8.□自由業 9.□家管 10.□退休 11.□其他

學歷：□國小或以下　□國中　□高中／高職　□大學／大專　□研究所以上

通訊地址：_____

電話：（H）_____（O）_____　傳真：_____

行動電話：_____　E-Mail：_____

◎謝謝您購買本書，也歡迎您加入我們的會員，請上大都會文化網站 www.metrobook.com.tw
　登錄您的資料。您將不定期收到最新圖書優惠資訊和電子報。

愛・婚禮
一生最浪漫的旅行就從這裡開始

作　　　　者	大都會文化編輯部　編著
發　行　人	林敬彬
主　　　編	楊安瑜
編　　　輯	陳亮均
內 頁 編 排	碼非創意企業有限公司
封 面 設 計	碼非創意企業有限公司
出　　　版	大都會文化事業有限公司　行政院新聞局北市業字第 89 號
發　　　行	大都會文化事業有限公司
地　　　址	110 台北市信義區基隆路一段 432 號 4 樓之 9
讀者服務專線	（02）27235216
讀者服務傳真	（02）27235220
電子郵件信箱	metro@ms21.hinet.net
網　　　址	www.metrobook.com.tw
郵 政 劃 撥	14050529　大都會文化事業有限公司
出 版 日 期	2011 年 11 月初版一刷
定　　　價	350 元
I　S　B　N	978-986-6152-28-3
書　　　號	Master18

First published in Taiwan in 2011 by
Metropolitan Culture Enterprise Co., Ltd.
4F-9, Double Hero Bldg., 432, Keelung Rd., Sec. 1,
Taipei 11051, Taiwan
Tel:+886-2-2723-5216　Fax:+886-2-2723-5220
Web-site:www.metrobook.com.tw
E-mail:metro@ms21.hinet.net

◎本書由《超省錢－浪漫婚禮》（Ting & 史黛菲 合著，2008）全新增訂編修。
◎本書如有缺頁、破損、裝訂錯誤，請寄回本公司更換。

國家圖書館出版品預行編目 (CIP) 資料

愛・婚禮－一生最浪漫的旅行就從這裡開始 / 大都會文化編輯部 編著.
-- 初版 . -- 臺北市 : 大都會文化發行 , 2011.11
面 ；　 公分 –(Master;18)
ISBN 978-986-6152-28-3（平裝）

1. 婚禮 2. 生活風格 3. 手冊
538.44026　　　　　　　100020676